Pioneer DJ

rekordbox
パーフェクト・ガイド

DJ MiCL 著

JN204355

Rittor Music

はじめに

　ほんの25年ほど前、DJといえば、2台のターンテーブルを使って、音が途切れないように次々に曲をプレイするというのが作業の大部分を占めていた。現代においても、蓋を開けてみれば、DJ行為のエッセンスは変わっていない。

　しかし、かつては特定の楽曲がレコード箱に入っているということ自体が他のDJとの差別化になった。全国で50枚しか存在しない限定プレスのレコードは、白地のレーベルに「PROMO」と刻印されただけで、幸運にもそれを入荷したレコード屋にて、幸運にも他の者より先に試聴したDJだけがそのウェポンを入手した。ダンスフロアで初めてその楽曲に出会ったDJは大概手遅れで、少ない情報を頼りにレコード屋を巡った挙句、再会を果たした頃にはヒットのピークが終了していた…なんていうことも珍しくなかった。

　その様相は激変した。現代は、アルゼンチンのDJがプレイした楽曲の

様子をSNSの投稿で見かけ、その楽曲が気に入ったら、パソコンの数ク
リックで日本にいながら誰でも同じ楽曲を入手できる。これは、素晴らし
い利便性であると同時に、楽曲を持っているということ自体が他のDJとの
差別化にはならないことも意味し、DJとしては諸刃の剣だ。

　その状況に呼応するかのようにDJ機材も進化してきた。同じ楽曲でも、
プレイするDJによって好きなだけ異なるテイストに味付けできるよう、実
に幅広い機能性が盛り込まれいる。しかし、筆者の視点からすると、この
時代の変化に追随し、DJソフトウェアを充分に駆使しているDJは、まだ
まだ少ない。これは、大きなチャンスだ。

　ソフトウェアの活用法を学ぶというのは、音楽的な活動から一歩離れる
ような感覚もあり、面倒な気持ちにもなるかもしれないが、その先に待っ
ている、「みんなが聴きたかった誰も聴いたことがないチューン」を入手する
ために、踏ん張ってみてほしい。DJソフトウェアの深い機能性へのダイブこ
そが、現代版のレコード・ショップ巡りに他ならないのだ。

CONTENTS

INTRODUCTION
イントロダクション

EXPORTモード 008

PERFORMANCEモード 010

LIGHTINGモード 012

パフォーマンス・パッド 014

波形表示の色による見え方の違い 016

PART 1
DJの基礎知識

1-1 DJを始めるにあたって知っておきたい事柄 018

1-2 SYNC機能 〜現代型DJの心臓〜 031

1-3 DJプレイの主要な方法 037

PART 2
EXPORTモード

2-1 EXPORTモードの概要 044

2-2 楽曲の下準備 046

2-3 EXPORTモードの他の機能 062

2-4 ビートグリッド修正のヒント 067

PART 3

PERFORMANCEモード

3-1	PERFORMANCEモードの概要	070
3-2	デッキ	074
3-3	ミキサー	099
3-4	FXユニット	105
3-5	サンプラーデッキ	110
3-6	PERFORMANCEモードでの音声の流れ	116

PART 4

環境設定、MIDI、そして外部機器との連携

4-1	環境設定	120
4-2	MIDI設定	130

COLUMN

rekordbox dvs	138
rekordbox video	140

INTRODUCTION

イントロダクション

多機能を極めるrekordbox djソフトウェアだが、まずは最も基本的な各部の働きについて簡単に解説する。音源ファイルの下準備に特化したEXPORTモードと、コントローラー等を駆使してソフトウェアの機能を最大限引き出すPERFORMANCEモードに分けて紹介しよう。

INTRODUCTION

EXPORTモード

曲を解析し、キューポイントや、SYNC機能の中枢を担うビートグリッドの設定を行うモードだ。USBエクスポートやPRO DJ LINKネットワークで使用し、CDJの機能を最大限に引き出す。また、PERFORMANCEモードを使用する際の仕込みにも活用する。

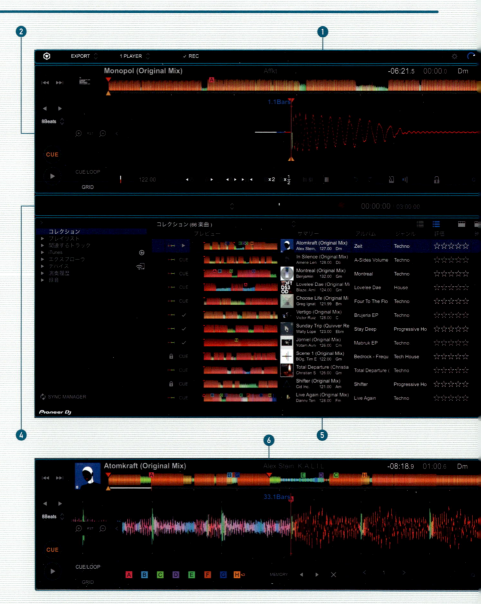

❶ トップバー

EXPORT／PERFORMANCEのモード切り替えや表示デッキ数、環境設定、マスター音量など最も基本的な機能へのアクセスに使用。時計も常に表示されているので、プレイ時間の確認にも活用できる。

❷❻ デッキ

「GRID」タブを表示した状態でビートグリッドの設定・修正に使用する。波形の拡大や拍数を選択してのビートジャンプなど、楽曲の下準備に必要な機能が充実している。また、「CUE/LOOP」タブを表示した状態に切り替えると、キューポイントやループを設定するモードに変わる。ホットキューは再生音を途切れさせずにジャンプできる頭出しポイントなので、予め適当な位置に設定しておくことにより、通常より短いバージョンでプレイしたい場合にシームレスにジャンプする等、様々な活用が可能だ。

❸ CUE／INFOウィンドウ

設定済みのホットキューやメモリーキューの確認、ファイル形式やサイズ、コメントなどの基本的な情報のチェックに使用。ホットキューやメモリーキューにコメントを追加することも可能だ。

❹ レコーダー

外部音源の録音に使用。ヴァイナルのコレクションをrekordboxのコレクションに取り込むことが可能だ。

❺ ブラウザ

rekordboxに取り込み使用可能な状態になっている全ての楽曲を含む「コレクション」、テーマや用途別に楽曲を選抜した複数の「プレイリスト」などを管理・編集することが可能だ。USBメモリーなど外部機器への楽曲の書き出し（エクスポート）にも使用する。

INTRODUCTION

PERFORMANCEモード

コントローラーなどを併用し、音源再生からエフェクト、サンプリング、ミキシングまで、ソフトウェアの機能を活用してDJプレイを実践するモードだ。

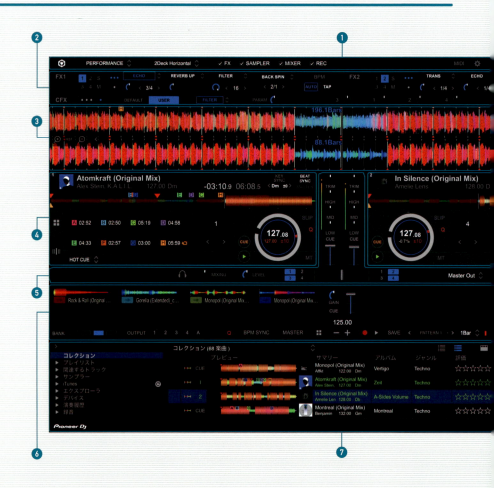

❶ トップバー

EXPORT／PERFORMANCEのモード切り替えやデッキ、FX、サンプラーなどの表示／非表示、環境設定、MIDI設定、マスター音量など最も基本的な機能へのアクセスに使用。時計も常に表示されているので、プレイ時間の確認にも活用できる。

❷ FXセクション

BPMに同期した効果を得られるBEAT FXや各チャンネルごとに音声に色彩を与えるCOLOR FXなどが装備されている。対応するコントローラーを接続した際には、さらにSLIDE FXも利用可能だ。

❸ 拡大波形

各デッキにロードされた楽曲の波形を並べて表示する。現在再生中の箇所（停止中の場合は、再生ボタンを押したら再生される箇所）を中央に、数拍〜数小節の範囲が拡大して表示される。今後の展開が少しだけ先に確認できるのでミックス時に重宝するだろう。

❹ デッキ

楽曲ファイルの再生に使用する。ボタンひと押しで様々なエフェクトを駆使できるPAD FXやサンプラーデッキで組んだシーケンスのプレイバックなどを司るパフォーマンスパッドもデッキ機能の一部だ。

❺ ミキサー

各デッキの音量を調節し、合成した結果をマスターに出力する音声のターミナル駅。ミックスの結果は、外部に出力すると同時に、コンピューター内で録音することも可能だ。

❻ サンプラーデッキ

通常の楽曲よりも短い単発の音声やループなどをロードしパッド等を使って再生する、リアルタイム・リミックスを可能にするデッキだ。演奏した内容を記録し、いつでも呼び出して自動再生させることが可能なシーケンサー機能も搭載している。

❼ ブラウザ

選曲に関するあらゆるアクションを実行するセクションだ。検索機能を使ってダイレクトに楽曲を選択する以外にも、事前に演奏予定の楽曲をプレイリストにまとめたり、BPMやキー、ジャンルなどの要素で絞り込んだりしてスピーディな選曲を実現することも可能だ。

INTRODUCTION

LIGHTINGモード

ver. 5.2より、LIGHTINGモードという新たなモードが追加された。rekordbox dj上で、照明演出を設定したり、修正することが可能となる。

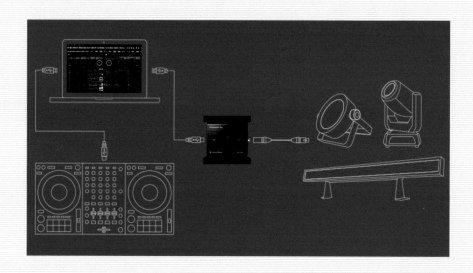

　ver. 5.2より、rekordbox djのライセンスキーと専用のDMXインターフェイス（RB-DMX1）を使用することによって、対応照明機器の演出を操作可能となった。LIGHTINGモードとは、その照明演出を設定したり、修正したりするモードのことだ。

　rekordbox djの照明演出機能は、rekordboxのその他の機能と同様、プラグ・アンド・プレイで、実に直感的に利用できる。専用インターフェイスとPC/MacをUSB接続することで、LIGHTINGモードで作成された照明演出情報をDMX512信号へと変換し、対応照明機器群を制御できる。

　照明演出は、前バージョンより搭載されているフレーズ解析機能を活用し、フレーズの種類に合わせて自動的に切り替わる演出パターンを活用できる。これにより、複雑な設定操作なしに、DJパフォーマンスに同期した照明演出が可能だ。

　もう一歩踏み込んだ演出を求めるなら、MACRO MAPPING機能を活用し、豊富なプリセットパターンから好みの照明演出パターンを選択しな

デッキには、フレーズと連動して変化する照明パターンが表示されるので、プレイ中に照明の変化を先読みできる。

マクロマッピングの画面では、フレーズと照明シーンの関係性を編集することが可能だ。

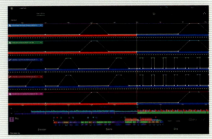

マクロエディターの画面では、楽曲の展開に合わせて手軽に照明シーンを編集できる。

がら簡単に演出をカスタマイズできる。
　また、さらに細かく演出を作り込みたい場合は、MACRO EDIT機能を活用し、波形やビートグリッドなどの楽曲解析情報を確認しながら、タイムラインに沿って編集作業を実施することが可能だ。
　rekordbox djの照明演出機能は、13,000種類以上の照明機器の情報を保有するAtlaBase Ltdの照明機器ライブラリ「Fixture Library」を採用し、流通している幅広いメーカーのDMX照明をサポートしている。また、ライブラリに登録されていない照明機器を使用したい場合は、Pioneer DJのフォーラムより、登録を申請できる。
　LIGHTINGモードは「追加機能」というより、もう1つのアプリケーションといっても差し支えないほどの広がりと奥行きを持つrekordboxの新側面だ。Pioneer DJのウェブサイトにて素晴らしいマニュアルが準備されているので、照明機能にも興味がある方は、一度目を通してみるのがよいだろう。

INTRODUCTION

パフォーマンス・パッド

rekordbox djの豊富な機能性を8つのパッドで最大限引き出すパフォーマンス・パッドは、rekordbox djの花形選手だ。

DJソフトウェアと他のDJ機材の最大の違いは、その多機能さだ。rekordbox djの各デッキにはパフォーマンス・パッドが搭載されており、プレイの幅を広げる豊富な機能が、8つ、または16のパッドを使って操れるように工夫が施されている。

❶ HOT CUE

ホットキューは、リアルタイムで設定できる「頭出しポイント」だ。プレイ中に、後から再び再生したい箇所で設定。同じ楽曲がデッキにロードされている間は、いつでもワンタッチでそのポイントを呼び出すことが可能だ。

❷ PAD FX

通常のFXは適用するデッキを選び、FXユニットをオンにし、ノブでパラメーターを設定するまで効果を発揮しない。PAD FXは、各デッキごとに搭載されており、ワンプッシュで予め設定されたパラメーターにて起動するので、瞬間的なインスピレーションに対応する。しかも、各デッキごとに32ものエフェクトを搭載可能だ。

❸ SLICER

スライサーは、8拍や16拍などのフレーズを8つのセクションに分割し、8つのパッドを使ってキーボードのように演奏可能にしてくれる機能だ。印象的なリフやヴォイス・サンプルを分解・再構築し、アドリブ感溢れるプレイを実現してくれる。

他にも、ホットキューから始まるパートを2オクターブ分の音程で演奏可能にするKEYBOARDや、サンプラーデッキで保存したシーケンスを瞬時に呼び出すシーケンス・コールなど、合計8つのモードを搭載したパフォーマンス・パッドは、rekordbox djの花形機能だ。

INTRODUCTION

波形表示の色による見え方の違い

P123で解説する、環境設定→表示の「波形」の欄でRGBを選択した場合と青を選択した場合の各音域の表示の違いを示す。

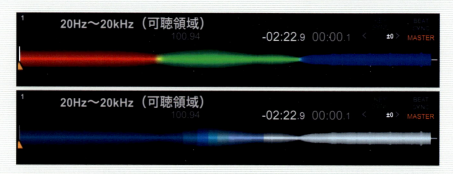

❶ 低音から高音まで徐々に音程をあげながら可聴領域の音を一通り再生したところ、RGB表示（画像上）では、低音域、中音域、高音域が綺麗に赤（R）緑（G）青（B）の3色に分かれた。一方、青表示（画像下）では、低音域が青、高音域が白で表示され、中音域は、段階的に明るくなる水色のグラデーションで表示されている。このように、単一の音の中音域については、青表示の方が波形から読み取れる情報量が多い。

❷ ヴォーカルが入った曲とトラック中心の曲をそれぞれのモードで表示した。RGB表示（画像左）では、異なる音程が混ざった箇所は色も混ざりオレンジや黄色などの合成色として表示される。一方、青表示（画像右）では、単音の中音域で表示されたグラデーションと同様のグラデーションで合成された音程が表示されている。筆者のコレクションの場合は、全体的に赤ければ「トラック中心のストイックな曲」であり、黄色や黄緑の傾向が強い曲ほど「派手な曲」であることが掴みやすいので、RGB表示を採用している。読者の皆さんも、所有している楽曲によって得られる情報が多いと思う方を採用するとよいだろう。特に差を感じないようであれば、カラフルなRGB表示か、クールな青表示か、好みで選択してもよいだろう。

PART 1

DJの基礎知識

そもそもDJとはどういった活動なのか？ 現代に至るまでのDJスタイルの変遷と様々なプレイスタイル、そして、現代型のDJプレイにおいて唯一絶対的に重要な機能であるSYNCについて、基本知識をマスターしよう。

PART1 1-1 DJを始めるにあたって 知っておきたい事柄

DJとは

　DJにとって最も基本的な作業は、レコードであれ、CDであれ、コンピューターに入っている音楽であれ、あるいはマイクを使ったMCであれ、一定時間、途切れなく、あらかじめ定められたテーマに沿って音声を提供することである。この最も基本的な作業については、特にこれが必須といったハードウェアやソフトウェアもなく、このような解説書で伝授できることもあまりない。最も必要になるのは音楽に対する造詣と音源そのものだ。

　しかし、ダンスミュージックのDJに限った話をすると、もう1つ、基本的な作業が発生する。それは、途切れないグルーヴを生み出すことにより、リスナーの心を、そしてゆくゆくは身体を踊らせることだ。この「途切れないグルーヴ」を生み出す手段として、半世紀ほど採用されてきた定番の方法がノンストップ・ミックスだ。

ノンストップ・ミックス

　英語で「止まらないミックス」という意味のノンストップ・ミックスは、読んで字のごとく、延々と音楽が続くようにミックス（混ぜる）作業を実施することだ。ノンストップ・ミックスを実施するために、最低限必要な機材と技術が登場する。まずは、2つの音源と、それらを混ぜる機械だ。

　音源とは、プレイする音の源となるもので、例えば楽曲が入ったCDと、それを再生するCDプレイヤーだ。これらの音源はクラブなどの会場にあるアンプやスピーカーといった機材を通して、我々の耳に入る音楽となる。

　続いて、このような音源を2つ、途切れないようにプレイし

続けるためには、最初の音源と次の音源を重ねてプレイすることや、一方の音量を上げると同時に他方の音量を下げるといった操作を可能にしてくれる機材が必要だ。このような機材のことを総称してミキサーと呼ぶ。

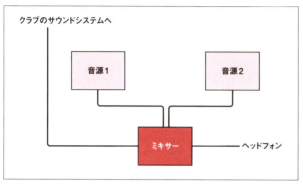

図01

　先ほどの音源2つは、このようなミキサーの機能を活用して、1本の途切れのない音楽の流れに合成され、会場のサウンドシステムへと出力される。このミックス作業を実行しやすくするために、ミキサーにはもう1つ、「モニタリング出力」という基本機能が搭載されている。

　モニタリングとは、実際に会場で音を鳴らさずに音源を試聴することだ。これを実現するために、ミキサーは、会場に出力するのとは別の経路で、音源を選択してヘッドフォンなどの機器に音声を出力できる。

　以上のようなベーシックなDJセットアップがあれば、1曲目のアウトロから2曲目のイントロへ繋いだり、適当なところで1曲目の音量を絞って行き、程よい箇所から2曲目を再生するといった、基本的なDJプレイを実施することが可能だ。

クオンタイズ・ミュージック

　DJもダンスミュージックも、電子音楽の専売特許ではない。ファンクやサンバといった生演奏のダンスミュージックも

たくさんあるし、ジャズを延々とかけるDJもいる。その一方で、コンピューターやシンセサイザーを中心に据えた、1曲を通してテンポが変わらない作品も沢山あり、これらは「クオンタイズされた音楽」としてカテゴリーできる。

　生演奏のダンスミュージックも1曲を通しておおよそのテンポは不変のものが多いが、場の雰囲気や演奏者のテンション次第で、演奏するたびに若干テンポが変わるだけでなく、演奏中にも、意図的な効果として、あるいは単に手作業であることの揺らぎによって、楽曲の途中でテンポが上下するものだ。

　一方、ハウスやヒップホップなど、印象的なループが延々と繰り返されるようなジャンルや、テクノなどのように全面的にコンピューター制御された電子楽器で構成される楽曲の多くは、楽曲固有のテンポが、最初のドラムから最後の1音まで、ひたすら一定である。このような楽曲のことを、クオンタイズされた音楽という。

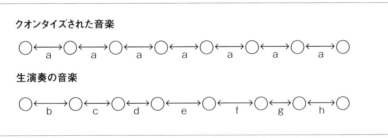

図02　※「○」はビートを表す。なお、生演奏によるテンポの揺らぎは強調されている。

　クオンタイズされた音楽は、図02 に示すとおり、1拍目から2拍目までの時間と、2拍目から3拍目までの時間、3拍目から4拍目の時間、…、n拍目からn+1拍目までの時間が、ひたすら一定(=a)だ。一方、生演奏の場合は、これらが、図02 のようにバラバラになっている。

　生演奏の場合は互いのリズムが干渉して聞き苦しくならないよう、イントロやアウトロなど、リズムセクションが控えめなパートでミックスしたり、一方の音量を充分に下げてから他方の曲をプレイするのが定石となる。

ところが、クオンタイズされた曲同士の場合、もしテンポが全く一緒であれば、2つの曲を同時に再生してもリズムセクションを綺麗に重ねることができ、聞き苦しくないミックスが可能だ 図03 。それどころか、それぞれの曲を単独で聴いた場合とはまた異なる、新たなグルーヴが生まれるといった嬉しい効果が生まれる場合もあるのだ。

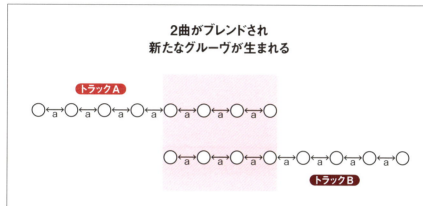

図03

BPM

ところで、特にダンスミュージックでは、テンポのことをBPMという単位で表すのが通常だ。BPMは英語でBeats Per Minute（ビート・毎・分）、つまり、1分間あたりのビートの数を意味する。音楽のリズムに合わせて1、2、3、4…と拍を数える時の、数えているタイミングの1つ1つがビートだ。

テクノやハウスであれば、ビートのたびに等間隔にドン・ドン・ドン…というキックドラムが入っているので、分かりやすいだろう。一方、ヒップホップのように等間隔のドン・ドン・ドン…があまり登場しないジャンルもあるが、その場合も、拍を数えようとすれば等間隔になるはずだ。そして、そのタイミングが、キックドラムのあるなしに関わらずビートなのだ 図04 。

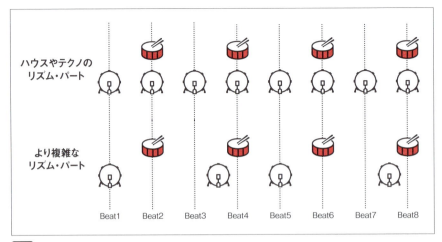

図04

　BPMを体得してもらうには、実際に時計などで1分間を計りながら、好きな曲のビートを数えてみるのがよい。ヒップホップやR&Bであれば80〜100程度のビートを数えられ、テクノやハウスであれば120〜130程度のビートを数えられるはずだ。
　なお、1分間に85回のビートを数えたなら、その曲のBPMは85であり、「85 BPM」と表記する。また、85 BPMの曲と90 BPMの曲を比較する場合、前者の方を「より遅い」、そして後者の方を「より速い」と形容する。

ビート・マッチング

　さて、既に紹介したように、同じテンポのクオンタイズされた曲同士であれば、両曲のリズムを綺麗に重ねて新たなグルーヴを生み出すといったプレイが可能だ。しかし、ジャンルごとにおおよそのテンポの幅はあるものの、2曲を比較した際には、若干テンポが異なる場合の方が多い。例えばハウスを2曲比較した際には、一方は124 BPMで、他方は126 BPMといったことがしばしばだ。
　ノンストップ・ミックスにおいて、同じBPMの曲同士をミックスすることには、異なる要素を重ね合わせることで新たなグ

ルーヴを生み出すといった演出的な効果もあるが、一度もビートが途切れることなく曲が変わっていくことや、前曲で繰り返されてきた一定のリズムを次曲へと引き継ぐことにより、ダンスの躍動に途切れを生じさせないという基本的な効果も絶大だ。

　そこで、これらの効果を得るために考案されたのがビート・マッチングだ。ビート・マッチングでは、一方の曲を少し加速、あるいは減速させることによって、楽曲本来のBPMよりも速く、あるいは遅くし、再生された結果の実質的なBPMを他方の曲のBPMと合わせる（図05 〜 図07）。「マッチング」とは、「合わせる」という意味なのだ。

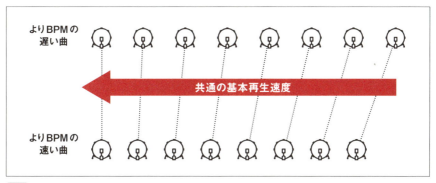

図05　2曲が同じ速度で再生されると、右の方からやってくるビートが、「よりBPMの速い曲」の方がどんどん先に到着するようになり、次第に2曲のビートがずれていく。

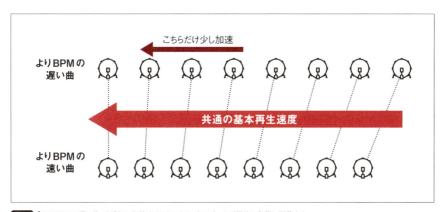

図06　「よりBPMの遅い曲」を適切に加速することにより、次のビートが同時に左側に到着するように調節する。

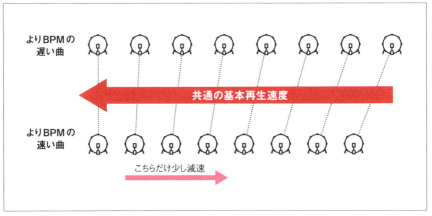

図07 「よりBPMの速い曲」を適切に減速してもよい。

ピッチ（テンポ）・コントローラー

　前項で紹介したように、本来BPMが異なる曲同士でも、いずれかの再生速度を加速、あるいは減速することにより、再生された結果の実質的なBPMを揃え、ノンストップ・ミックスに適した効果を得ることが可能だ。このために利用されるのが、一部の再生機器に搭載される、ピッチ・コントローラー、あるいはテンポ・コントローラーと呼ばれる機能だ。

　このコントローラーの機能は至ってシンプルで、一定の＋/－幅の範囲内で、楽曲の再生速度を変更する。再生速度を速くするとBPM（テンポ）も速くなるが、同時に楽曲の音程（ピッチ）も上がる。変化するのがテンポであることに着目した呼び方がテンポ・コントローラーで、ピッチであることに着目した呼び方がピッチ・コントローラーだ。

　余談だが、DJにとってより大事なのはテンポが変わることなのだが、なぜかDJ界隈ではピッチ・コントローラーの名称がより一般的だ。また、このことから、実際にDJが「合わせ」ているのは「テンポ」なのだが、「ビート・マッチング」のことを「ピッチ合わせ」と呼ぶケースも多い。なお、CDJやrekordbox djには、テンポを調整しても音程が変わらないようにする「マスターテンポ」という機能が搭載されている。

ところで、このような機能はDJ用途に限定されるものではない。例えば語学の勉強をするにあたり、聞き取りにくい箇所の再生速度を落とすといった目的で使用される場合もあれば、レコード・プレイヤーなどのアナログ再生機器において、モーターの経年変化や個体差による再生速度の上下を補正し、正しい音程（及びテンポ）で聴くために利用されることもある。

　かつてDJ機材といえばレコード・プレイヤーが大定番で、レコード・プレイヤーに搭載されたこの機能の、DJ以前の主な用途が楽曲の音程を補正することだった…DJ界隈で「ピッチ・コントローラー」、「ピッチ合わせ」の表現が多用されるのには、あるいはそういった由来があるのかもしれない。

旧来型のDJ機材

　2018年現在、発売されているあらゆるDJソフト・DJ機材は、原理的に旧来型のDJ機材、つまりレコード・プレイヤー（アナログ・ターンテーブル、または単にターンテーブルとも呼ばれる）や初期CDJと同じだ。現代のDJソフトは往年のDJ機材をコンピューター内で擬似的に再現し、現代のDJ機材は往年のDJ機材の使用感を再現しようと開発が重ねられている。

　かつては、DJソフトに初めて触れるのは旧来型のDJ機材でDJ技術を習得済みの者が大多数だったため、これは自然な選択肢であった。時は流れ、旧来型のDJ機材に一度も触れることなくDJソフトの世界に足を踏み入れる者もどんどん増えてきているが、肝心のDJソフトや最新のDJ機材が未だに旧来型機材の呪縛から逃れていない以上、仮に旧来型のDJ機材を使用したい気持ちがなかったとしても、軽い予備知識として知っておいて損はないだろう。また、旧来型のDJ機材、特にレコード・プレイヤーは、ビート・マッチングの原理をとても直感的に理解しやすい構造を持っているので、そのためにもここでDJ用レコード・プレイヤーについておさらいしておこう。

PART 1　1-1 ｜ DJを始めるにあたって 知っておきたい事柄

レコード・プレイヤー

　DJソフトやCDJが登場する以前、DJ機材の根幹をなすのは、例外なく、2台のレコード・プレイヤーと1台のDJミキサーだった。レコード・プレイヤー自体はビート・マッチングをするDJが登場する遥か以前から存在するが、運命的と言っても差し支えないほど、ノンストップ・ミックスやビート・マッチングに適した様々な特徴を既に備えていた。

　レコードは、音楽などの音声を円盤の表面に外側から内側に向かって1本の螺旋状の溝として刻むことによって記録し、再生時には、特殊な針を使ってこの溝をなぞって記録された音声を再生する仕組みだ 図08 。

　この円盤は、乗せられた台と共に回転し、特殊な針は、円盤と接する位置が円盤の周辺から中央近くまで自由に行き来できるように、人の腕と同じように「振る」ことが可能なアームという棒の先端に取り付けられている。そして、溝に接する

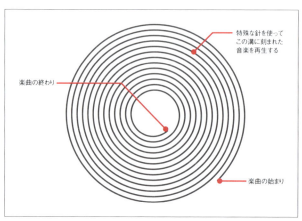

図08

026

針が簡単に溝からとびだせないように上から下に押し付ける力（針圧という）が加えられているため、円盤が回転するだけで、溝に「ハマって」抜け出せない針は、円盤の外側から内側に向かって、ひたすら螺旋状の溝をなぞることになるのだ。

この仕組みの結果、円盤に記録された楽曲の長さを螺旋状の溝の始まりから終わりまでの幅として視覚的に捉えることが可能で、その幅の中における針の位置を確認することにより、楽曲中の現在の再生位置をつかむことが可能だ。

また、針はアームごと持ち上げることにより自由に移動させることが可能なので、再生位置を楽曲の中の任意の場所（レコード数回転分の誤差はあり）に迅速に移動させることも可能だ 図09 。

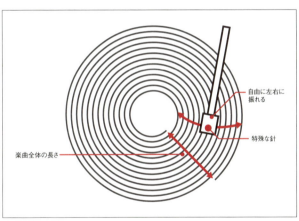

図09

新旧DJ機材の違い（1）

DJソフトウェアや最新のDJ機器においては、この「レコードの溝」の代わりに、楽曲全体の波形を可視化し、その波形上の位置によっておおよその再生位置を把握することや、波形をクリックすることによって楽曲内の任意の位置に移動することが可能なようになっている。

このように、楽曲の再生位置を視覚的に捉えることや、迅速に狙った位置に移動することを可能にする機能は、楽曲を丸ごとかけるのではなく次々と重ねてプレイしていくノンストップ・ミックスにとっては非常にありがたい。

PART 1 | 1-1 | DJを始めるにあたって 知っておきたい事柄

　また、回転台とレコードの間に摩擦係数が小さくなる「スリップマット」という円盤型のマットを挟むことにより、回転中のレコードに触れることで、回転台の回転を止めることなく、レコードの回転を停止させることが可能だ。そのまま手を使ってレコードを任意の速度で正回転・逆回転させることも可能で、さらに、再び手を離すことによって、瞬時に回転台と共に回転する状態に戻すこと、つまり通常再生に戻すことが可能だ 図10 。

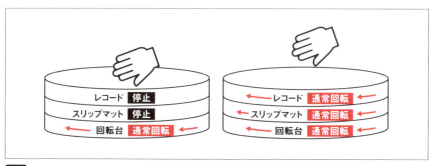

図10

頭出し

　ノンストップ・ミックスをする際には、狙ったタイミングで狙った箇所から瞬時に再生できるように準備をする。このことを「頭出し」というのだが、レコード・プレイヤーであれば、螺旋状の溝を見ながらおおよその位置に針を置き、さらにレコードを手動で回転させながら正確な再生位置を探し、そこで一旦、回転台の回転を止めることで迅速に「頭出し」作業をすることが可能だ。そして、狙ったタイミングがやって来た際には、あらかじめ回転台の回転を再始動させておき、手で押さえることによって「一時停止」させていたレコードを、手を離すことによって瞬時に通常再生へ突入させることが可能だ。
　また、ビート・マッチングをする際にも、ビート・マッチングからそのままミックスに突入する場合に備えて、あるいは、ピッチを合わせると同時に、楽曲の展開を試聴する目的を兼ねるために

も、適当な位置で実施するのではなく、次の曲の4小節や8小節から構成されるフレーズの1拍目を、現在プレイ中の曲のフレーズの1拍目に揃えて実施するのが通常だ。このため、ノンストップ・ミックスやビート・マッチングを頻繁に繰り返すDJにとって、レコード・プレイヤーの持つ頭出しを得意とする操作性は重宝される。

新旧DJ機材の違い（2）

　DJソフトウェアやDJ機器においては、楽曲の冒頭からの詳細な経過時間を使って「頭出し」のポイントを記録させることが可能で、これを「キューポイントを打つ」という。一度キューポイントを打てば、他の箇所を再生中でも瞬時にキューポイントの位置まで戻ることが可能で、回転台のモーターの立ち上がりなどに影響されないソフトウェアや最新機器においては、再生ボタンを押すだけで瞬時に通常再生へ突入させることが可能だ。

DJミキサー

　DJミキサーは半世紀近く前に登場して以来、基本的な機能はほとんど変わっていない。2つ以上の音源を入力し、それぞれの入力（チャンネルと呼ぶ）ごとに音量を調節後、各チャンネルの音声を1本の音声に合成（ミックス）した結果を出力する。

　また、最低限の付加機能として、出力されるミックス結果とは無関係に各チャンネルの音声を確認するためのモニタリング出力と、音源と音源の間の音量差が大きい場合に、これを補完するための「ゲイン」や「トリム」と呼ばれる補助的な音量調節が各チャンネルに搭載される。

さらに、各チャンネルの高音域・中音域・低音域の音量を個別に調節するためのイコライザー（EQ）機能と、特定の音域から上、あるいは下の音声を一切カットしてしまうフィルター機能は、ほぼスタンダードに搭載されている。イコライザーは高音域・中音域・低音域など帯域ごとに音量を微調整する機能だが、それぞれ最小値のときに完全に無音にできるものは「アイソレーター」とも呼ばれる（P100でも解説している）。

そして、かつては音声の流れにおいてミキサーよりもさらに先の外部機器として存在していた、音声を加工するエフェクト（エフェクター、あるいはFXとも）機能を搭載しているものも多い。FX機能については詳しく後述するが、入力された音声を加工し、入力されたままの原音と加工済みのエフェクト音を任意の比率で混ぜて出力する。加工の内容は、音質をあえて劣化させるものや、大きなホールで聴いているかのような残響を追加するなど、実に多岐にわたる。

これらの機能は1990年代のDJミキサーにも一通り搭載れており、最新のDJミキサーや、DJソフトウェア内でバーチャルに再現されているDJミキサーも概ね同じ機能を搭載している。

新時代の幕開け

「レコードの溝」は「楽曲の波形」になり、「頭出し」の作業は「キューポイント」を打つことに変わった。レコードの「針」はバーチャルな「再生位置」として残り、DJミキサーは数十年、機能的な進化はさほど遂げていない。

そんなDJの世界において、1つ、驚異的な革新をもたらし、新しい可能性の扉を大きく広げた新機能が、続いて解説するSYNC機能だ。

SYNC機能
～現代型DJの心臓～

SYNCとは

　SYNCは、英語で「同期」を意味するSynchronizationの略であり、今世紀に入り、DJソフトウェアの普及と共に一般的になってきたDJ機能だ。ビート・マッチングの代わりに活用する機能ではあるが、「自動でビート・マッチングをしてくれる機能」ではない。これがどういう意味かは、読み進んでいただければお分かりいただけるだろう。

　SYNC機能は、大きく二段階に分けられる機能だ。まず、最初の段階は、楽曲の解析である。SYNC機能を搭載したDJソフトウェア等で楽曲の解析を実行すると、出力音量の均一性を確保するために音量が最大となる箇所の音量を検出したり、楽曲内で再生位置を確認・変更するための波形イメージを作成したりすると共に、楽曲の最初の1拍から最後の1拍までのビートを検出しようとする。

ビートグリッド

　なぜ「しようと」と表現したかというと、このプロセスは、未だ確実に成功するプロセスではないからだ。解析プログラムは、ビートの箇所ではキックドラムのような大きな音が切れ味良く立ち上がる場合が多いことや、楽曲が全体としてクオンタイズされていることなどを頼りに、解析の結果推測されるビートの箇所にビートグリッドと呼ばれる節目をつける 図01 。

図01　解析の結果、各赤線の位置にビートがあると判断され、ビートグリッドが設置された。

1-2 | SYNC機能 〜現代型DJの心臓〜

　続いて、DJソフトウェア等のSYNC機能が有効になっていれば、「次の曲」のビートグリッドは「現在の曲」のビートグリッドと、楽曲の全域において1対1で完全に同期するように、適宜、再生速度を変更される 図02 。

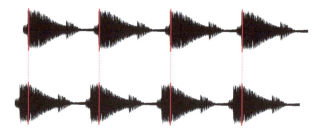

図02 「次の曲」（下段）のビートグリッドが「現在の曲」（上段）のビートグリッドと揃うように再生速度が変更される。

　図02 に示されるように、SYNCは、あくまでもビートグリッド同士の同期を果たす機能であり、いずれかのトラックにおいてビートグリッドと実際のビートにズレがあれば（図03）、ビート同士が綺麗に同期された状態、つまりビート・マッチングされた状態にはならない。例えば 図02 の状態でミックスすると、「次の曲」のキックドラムが常にちょっとだけ早く刻まれる状態となり、いわゆる「バタバタしたミックス」となる。

図03 正しいビートの位置は点線の音量が急激に大きくなる箇所。しかし、解析の結果、それよりも少し後の位置にビートグリッドが付されてしまった。このような状態でSYNC機能を使用すると、ハイライトされた分だけ音の同期ズレを体験することになる。

　図02 の例では、ビートとビートグリッドのズレが一定である。これは、解析の結果、BPMは正しく検出できていることを意味する。ビートグリッド同士の間隔はビート同士の間隔と同一であり、100のビートにつき、100のビートグリッドが付されている状態だ。ただ、肝心のビートとビートグリッドにズレがあるため、全域において若干不正確なビートグリッドとなっている。最新のDJソフトウェアでも、このタイプの惜しい解析結果となることは少なくない。

　一方、ビートとビートグリッドのズレが一定ではない結果となる場合もある 図04 。この場合は、解析の結果、BPMも正しく検出できていない。ビートとビートグリッドの数は一致せず、

SYNC機能を使用した場合は、全域においてズレ具合が変わり続ける全く使い物にならないビートグリッドだ。最新のDJソフトウェアであれば、このタイプの解析結果は割と稀である。

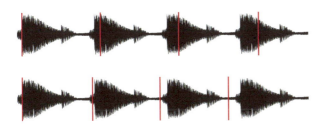

図04 上段の例では、ビートグリッド同士の間隔がビート同士の間隔よりも広い。このため、曲が進むにつれ、ビートグリッドはビートよりもどんどん遅れて付けられるようになっている。BPM解析の結果としては、正しいBPMよりも遅いBPMを検出しているとこのような結果となる。下段の例は、その逆だ。

なお、ビートグリッドのズレの説明には分かりやすい図を用いているが、実際の楽曲ではビートグリッドが解析しにくい複雑な曲が存在する。

ビートグリッドの修正

ピッチ・コントローラーの搭載された機器でDJをする際にビート・マッチングが必須のテクニックであったのと同じように、SYNC機能の搭載されたソフトウェア等でDJをする際には、ビートグリッドの修正が必須のテクニックとなる。

クオンタイズされた音楽は、全域に渡りBPMが均一である前提で考える。つまり、1拍目から11拍目までの長さと、11拍目から21拍目までの長さは、完全に等しいと想定する。この想定に合わせて、ビートグリッドというのは、基準となる「最初のビートグリッドの位置」と、全域において不変である「ビートグリッド同士の間隔」で決定される仕組みだ。

先ほどの 図01 の例では、「ビートグリッド同士の間隔」は正しいので、一番左の、「最初のビートグリッドの位置」を左にズラす。すると、続くビートとビートグリッドの位置関係も正しく修正されるのだ 図05 。

033

1-2 | SYNC機能 〜現代型DJの心臓〜

図05 図01のビートグリッド（上段）の一番左のビートグリッドを正しい位置（やや左方向）にズラす。「ビートグリッド同士の間隔」は正しいので変更しない。すると、全域に渡って正確なビートグリッドとなる（下段）。

一方、図04 の例では、上段はビートグリッドの間隔が広すぎるので狭め、下段はビートグリッドの間隔が狭すぎるので広げることによって、それぞれ、全域に渡って正確なビートグリッドとなる 図06 。この時、基準となる一番左の、「最初のビートグリッドの位置」は変わらない仕組みだ。

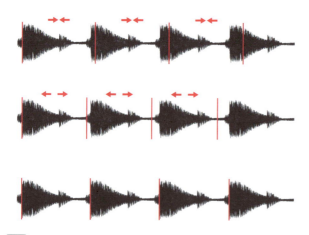

図06 上段はビートグリッドの間隔が広すぎるので狭め、中段はビートグリッドの間隔が狭すぎるので広げる。すると、いずれも全域に渡って正確なビートグリッドの下段の状態になる。なお、この際に狭めたり広げたりする量は、全域において均一だ。

常に「最初のビートグリッド」が基準となるので、実際のビートグリッドの修正手順としては、(1) まず、最初のビートグリッドを正確にビートの位置に合わせ、(2) 必要であれば、ビートグリッドの幅を調節する、という2ステップの作業となる 図07 。解析の結果 (1) の作業で事足りる状態までこぎ着

けている場合が多いので、必ずこの順序でやることを覚えておこう。

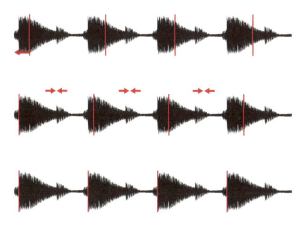

図07 最初のビートグリッドがビートの位置より右にズレているので、左にズラす（上段）。なお、この際、結果として全てのビートグリッドが左にズレる。しかし、ビートグリッドの間隔が広すぎるので、これを狭める（中段）。すると、全域に渡って正確なビートグリッドが完成する（下段）。

ビートグリッドの修正は丁寧に

　2曲のビートを綺麗にシンクロさせ、新しいグルーヴを生み出すミックス・プレイは、ビート・マッチングさえできれば事足りる。長年、ビート・マッチングの習得がDJになるための最低条件だったこともあり、特に古参DJの中には、SYNC機能に頼らないことを美徳とする派閥もある。
　しかし、これからDJの世界、特にDJソフトウェアを駆使し、クオンタイズされた音楽を中心にプレイするDJを目指す読者諸君には、仮にビート・マッチングの腕に覚えがあっても、それと同等以上に、SYNC機能のマスターになっていただきたい。というのも、SYNC機能の役割のうちビート・マッチングの代替となる側面は、氷山の一角に過ぎないのだ。後述するrekordbox djの各種機能は、丁寧に設定されたビートグリッドとSYNC機能の確かな知識があって初めてポテンシャルの全てを引き出せるものが多い。

1-2 SYNC機能 〜現代型DJの心臓〜

　例えば、楽曲の一部を抽出し、それを8つの均等なセクション（スライスと呼ぶ）に分割した上で、パッドを用いて各パートを演奏できるようにする「スライサー機能」の分割処理は、ビートグリッドを基準に行われる。合計4拍を1/2拍ずつ8つのスライスに分割する際、スライス1にキックドラム、スライス2にハイハット、スライス3にスネアドラムという風に綺麗に収めるためには、ビートグリッドが1拍目のキックドラム、そして2拍目のスネアドラムに正確に沿っていなければならない 。

ビートグリッドとビートが揃っていないため、最初のキックドラムはスライス1より左で終わってしまっている。また、スライス2、スライス3の中身も狙い通りにはなっていない。

　また、各種エフェクトのパラメーターに、楽曲のBPMに対応して1/4拍、1/2拍などと設定できるものがあるが、これらも解析結果、あるいはユーザーが修正した結果のビートグリッドを元に処理される。

　あるいは、外部ソフトウェアと同期させ、制作したばかりの楽曲をライブ・スタイルでDJパフォーマンスに組み込みたい場合や、照明のコントロールをプレイ中の楽曲に同期させたい場合など、あらゆる「同期」において各種ソフトウェアや機器が頼りにするのは、ビートそのものではなくてビートグリッドなのだ。シンプルに曲を繋いでいくだけのDJにとどまらないのであれば、ビートグリッドの精密さが、DJプレイ全体の精密さを支配すると言っても差し支えない。

　rekordboxを使ったビートグリッドの設定は、この後解説が続くEXPORTモード、PERFORMANCEモード、いずれでも実行可能であるが、重複を避けるため、詳しい設定方法については、EXPORTモードの章にてまとめて解説する。したがって、コントローラーとコンピューターを駆使したPERFORMANCEモードでの使用がメインとなる場合でも、EXPORTモードの章を飛ばさずに読み進んでほしい。

1-3 DJプレイの主要な方法

多様化するDJスタイル

かつては全てのDJがレコード・プレイヤー（ターンテーブル）とミキサーを使ってプレイしていた。ターンテーブルの台数やミキサーの機能・性能に差はあったものの、ほとんどの場合、クラブではクラブの機材を、そして自宅では自宅の機材を使い、出演の際には、レコードとヘッドフォン、ターンテーブルの針など、共通の荷物を自宅からクラブへ持ち込むという、ほぼ統一されたスタイルであった。

2000年頃からCDでDJプレイを可能にするCDJなどの機材が普及し、DJソフトウェアが次々にリリースされはじめると、この様相は一変した。以下に、使用機材や音源タイプ別の現在の各DJスタイルを紹介する。

（1）オーソドックス型

レコードや音楽CD、ヘッドフォン、必要な場合はターンテーブルの針などを持参し、クラブのターンテーブル、CDJ、DJミキサーなどを使用してプレイ。特にレコード音源に拘りを持っていれば必然的にこのタイプになるし、他のタイプのDJがイベントの趣旨に合わせて単発でこのタイプのプレイをすることもある。現在ではメリットが殆どないのでレアな存在となったが、ダウンロード購入した音源をCD-Rに焼いて持参するDJもこのタイプに属する。

必要なクラブの機材

DJが持参

クラブの機材にも依存しつつDJの荷物も多かった。

(2) USBメモリ型

　より新型のCDJでは、USBメモリに記録されたMP3やAIFFなどの音源ファイルを通常の音楽CDでプレイする場合と同様のワークフローで活用することが可能だ。クラブの機材に依存する度合いが大きいデメリットを除けば、荷物が少ないこと、万が一の対策が容易なこと（例えば、複数のUSBメモリに楽曲を記録しておけば、1つが故障・紛失等しても問題ない）など、メリットの多いスタイルだ。重くかさばるレコードがUSBメモリに変わっただけの形に近く、オーソドックス型の直系の子孫と言えよう。また、インイヤー・タイプ（耳の穴に挿入するコンパクトなタイプ）のヘッドフォンとUSBメモリならばタバコ程度のサイズで常に持ち歩くことが容易なので、飛び入り参加のリクエストに対応するにも、最適のスタイルだ。このスタイルを追求するのであれば、本書の内容としてはEXPORTモードについての章だけマスターすれば十分だ。

必要なクラブの機材

DJが持参

クラブの機材に対する依存は変わらないがDJの荷物が激減。

(3) DJソフトウェア型

　USBメモリ型の進化とほぼ並行して台頭してきたのがこのタイプ。DJソフトウェアに含まれるエフェクトやミキサー機能を活用することによって、クラブの機材にあまり依存せず、自らのスタイルを貫くことが容易だ。デメリットとしては、最低限でもオーディオ・インターフェイスという、コンピューター内の音声をDJミキサーの各チャンネルや、ヘッドフォンなどに出力するための機材をDJが持参しなければいけない点や、頻繁に起きることではないが、肝心のコンピューターが起動しないなどのトラブルが発生した場合に、出番を全うできないなどのリスクを伴うという点が挙げられる。しかし、DJソフトウェアが進化すれば進化するだけ無限の可能性を自らのスタイルに取り込めることや、コンピューターのディスプレイから多くの情報を得られること、そして、これらをクラブの機材に依らず常時活用できることなど、とても大きなメリットがある。

　(2)以降の全てのスタイルに共通するビートグリッドの設定など、下準備はコンピューター上で行うのが通常のため、プレイ中に新曲を準備して臨機応変にセットに組み込めるのも魅力だ。DJソフトウェアの操作方法は、専用コントローラーの活用、汎用MIDIコントローラーの使用など多岐にわたるが、DJソフトウェア自体の働きを熟知すれば各種操作方法は自ずと理解可能なので、本書ではEXPORTモードの章にて下準備の極意を掴んだ上で、PERFORMANCEモードの章を熟読してほしい。

必要なクラブの機材　　　　DJが持参

クラブの機材は最低限で事足りるが、荷物はそれなりにある。

(4) DJソフトウェア型(タイムコード使用)

　上記のタイプのうち、再生コントロールにタイムコードという手法を活用しているタイプだ。タイムコードというのは、特殊な信号が記録されたレコードやCDのこと(厳密には、それらに記録された特殊な信号そのものがタイムコード)で、これらをオーソドックス型と同様のターンテーブルやCDJでプレイし、その再生音をDJソフトウェアに入力することによって、あたかもレコードやCD自体に音源が入っているかのような使用感でDJソフトウェアを活用できるようになる。DJソフトウェア型の恩恵は享受したいが、再生操作周りでオーソドックス型のフィーリングを好むDJは、このタイプを選択する。レコードと同様の操作性にDJソフトウェアの多機能が合体するセットアップゆえ、スクラッチの大会などでも好まれるスタイルだ。

　一方、アナログ機器で再生した音声をオーディオ・インターフェイスを介してDJソフトウェアに入力し、DJソフトウェアの再生音を再びオーディオ・インターフェイスを介してDJミキサーに接続するなど、セッティングが最も複雑なタイプでもあるので、初心者が(時には大御所でも!)接続トラブルで音声が出ないといったケースが最も多いのもこのタイプだ。2018年においてもまだまだクラブの大きなターンテーブル

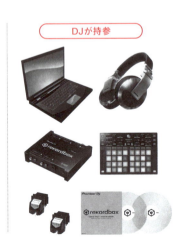

必要なクラブの機材　　　　　DJが持参

クラブの機材に依存しつつ、荷物もそれなりにある。

やCDJを駆使している姿が「プロっぽい」というイメージは健在で、大型コントローラーの再生操作周りの形状や操作性がCDJシリーズと酷似していることも、このスタイルの人気を物語っている。本書ではタイムコード使用に限った詳しい解説は割愛するが、(3)と同様のコースで必要な知識をマスターしてほしい。

(5)応用型、亜流、その他

本書におけるDJとは、ノンストップ・ミックスを通してオーディエンスを楽しませる行為全般を指すので、2018年現在、その実現方法は星の数ほどある。例えば音楽制作ソフトのタイムラインにあらかじめプレイ予定の楽曲を並べておき、ミキシングやエフェクト操作だけ現場で実施するなどのスタイルも異例ではない。また、DJソフトウェアで骨組みとなる部分をプレイしつつ、他の音楽ソフトを同期して走らせ、自作曲やサンプリングなどを最終ミックスに盛り込むコンビネーション型のスタイルもある。EXPORTモードの章とPERFORMANCEモードの章で紹介する内容をしっかりとマスターすることで、様々な応用的なスタイルにも対応できるようになってほしい。

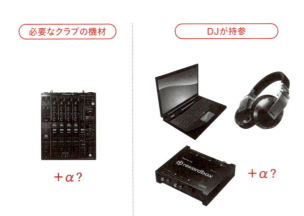

無限のセットアップが可能なので内訳は千差万別。

PART
2

EXPORTモード

ビートグリッドやキューポイントの設定など、もともと楽曲ファイルをDJプレ
イ用に下準備するアプリケーションとして誕生したrekordbox。そのDNA
をダイレクトに受け継ぐEXPORTモードをマスターしよう。

PART 2 2-1 EXPORTモードの概要

EXPORTモードとは

　DJソフトウェアは、DJプレイのワークフローに大きく影響する画期的な新機能を多数もたらした。例えば、キューポイントと呼ばれる「ここから再生したいぞ」と思う「頭出しポイント」を複数記録しておき、後日プレイする際にも活用できるホットキューと呼ばれる機能や、他の楽曲と綺麗にシンクロしてプレイしている最中に、そのシンクロがずれることなく綺麗に重なり続けてくれるような、4拍や8拍など予め決まった長さのループ（オートループと呼ぶ）を高精度かつ瞬時に設定できる機能は、当初、DJソフトウェアの特権であった。その頃、CDJではプレイのたびにキューポイントをイチから設定し直す必要があったし、ループはDJが自分のリズム感でなるべく高精度に手動設定する他なく、どうしても、時間と共にシンクロがずれるものであった。そのようなDJソフトウェア特有の恩恵をCDJを使ったプレイスタイルにもおすそ分けするのが、EXPORTモードである。

　EXPORTモードを使うことにより、DJソフトウェアが活用するのと同じようなホットキューを、後日CDJで活用できるデータとして音源ファイルと共にUSBメモリに記録することや、CDJのループ機能を使って高精度なオートループを設定できるよう、ビートグリッドを設定・修正することが可能だ。別の言い方をすれば、CDJシリーズやDJMシリーズなどの対応機種で、DJソフトウェア的なアドバンテージを享受するために、音源ファイルを下準備するプログラムが、rekordboxのEXPORTモードだ。

　EXPORTモードで実行できる下準備はrekordboxのPERFORMANCEモードを使う場合にも有効で、同様の下準備をPERFORMANCEモードの中でも実行できるが、重複を避けるため、本章にしか記載しない事項もあるので、PERFORMANCEモードを活用するDJの方は、本章は「下準備の章」と思って熟読してほしい。

EXPORTモードでできること

　rekordbox画面、左上のプルダウンから「EXPORT」を選ぶとEXPORTモードに突入する 画面01 。

画面01

　EXPORTモードでは、概ね下記の順序で楽曲の下準備を進める。

(1) 下準備する楽曲をrekordboxに取り込む
(2) 解析を実行する
(3) 必要に応じてビートグリッドを修正する
(4) 記憶するキューポイントやループなどを設定する
(5) コメントなどの付随する情報を編集する

　また、EXPORTモードでは、他に下記のような操作も可能だ。

(1) プレイリストの作成・編集
(2) 外部音源の録音
(3) iTunes、並びにUSBなどのデバイスとの同期

　続く2セクションにて、上記の下準備やその他操作について、1つ1つ説明する。

PART 2

2-2 楽曲の下準備

（1）下準備する楽曲を取り込む

　まずは、コンピューター上に保存された音源ファイルを選択する。スタート地点は、画面下部のブラウザの左側部分だ 画面01 。

画面01

　この左の縦長の長方形の部分をブラウザの「ツリー」と呼ぶ。一番上に表示される「コレクション」は、rekordboxに取り込んだことのあるすべての楽曲を含むツリー項目だ。選択中のツリー項目に直接内包される音源ファイルがある場合は、右の横長の長方形部分にリスト表示される（ 画面01 では、3曲のリストが表示されている）。こちらは「トラックリスト」と呼ぶ。

　上から2つ目の「プレイリスト」というツリー項目のように、各ツリー項目の左にある▷をクリックすると、内包するフォルダーがあれば1つ下の階層として展開・表示される。ブラウザの「ツリー」という名称は、この様子が1つの太い幹からどんどん枝分かれしていく樹木の姿に似ていることに由来する。

　さらに少し下に目をやると、「iTunes」、「エクスプローラ」、「デバイス」というツリー項目がある。コンピューターにiTunes

がインストールされているならば、この「iTunes」内のツリー構造は、実際のiTunesライブラリの構造を反映している。一方、「エクスプローラ」の中身はコンピューターのディレクトリ／ファイル構造を反映しており、適当なスタート地点として、ユーザー・フォルダー、ミュージック・フォルダー、そしてハード・ディスクのルート・フォルダーが用意されている。また、USBメモリなどの「デバイス」が接続されていれば、その内容を、デバイス内の構造に従ってブラウズ可能だ。

　任意のトラックをrekordboxで使用可能にするには、該当トラックをツリー項目「コレクション」にドラッグ＆ドロップする。もし既にプレイリストがあれば、プレイリストにドラッグ＆ドロップすることにより、コレクションに追加されるのと同時に当該プレイリストにも追加される 画面02 、 画面03 。

画面02
フォルダ「/Music/2017.12」内の楽曲をコレクションまたはプレイリストにドラッグ＆ドロップ。

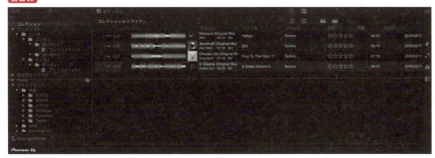

画面03
コレクションのトラックリストにて4曲目として表示されるようになった。

2-2 | 楽曲の下準備

　この際、トラックを右クリック（Macであれば2本指クリック等、以下同様）することによって表示されるコンテクスト・メニューから「コレクションにインポート」を選択することで同じ結果を得ることが可能だ 画面04 。

画面04

コンテクスト・メニューを見ると複雑なイメージを持つかもしれないが、殆どの操作は通常のクリック操作でも実行できるので心配ない。

　さらに、同様の操作をフォルダに対して行うことも可能だ。フォルダの中身がさらに複雑なフォルダ構造になっていたとしても、内包される全ての音源ファイルを一気にコレクションや単一のプレイリストに取り込める。逆にいうと、フォルダやファイルの整理された実際の構造ごと取り込むわけではないので注意が必要だ。

　また、フォルダを、プレイリストのセクションの、具体的なプレイリスト以外の箇所にドロップすると、フォルダの中身が新しいプレイリストとして取り込まれる 画面05 。

画面05

フォルダ「/Music/2018.02」を「太い枝1」と「細い枝1-1」の間の位置にドラッグ＆ドロップする。

フォルダの中身が丸ごと、新規プレイリスト「2018.02」として取り込まれた。

コレクションと異なり、プレイリストのセクション自体はフォルダで整理された構造を持つことが可能なので、例えば「アーティスト」フォルダの中に複数の「アルバム」フォルダを持つファイル構造を再現するには、「アーティスト」でプレイリスト・フォルダを作成し、その中にそれぞれの「アルバム」フォルダをプレイリストとしてインポートすればよい。

(2) 解析を実行する

　初期設定の状態では、新しいトラックをコレクションに取り込もうとする際に、自動的に解析が実行される。この設定は画面上部やや右にある歯車アイコンをクリックすると開く環境設定の「解析」タブ 画面06 で変更可能だが、解析されていないファイルは初めてプレイする際に解析が実行されることになり、DJプレイ中に負荷の大きな解析作業を実施するのは理想的ではないので、よほど明確な理由がなければ、自動解析は有効のままがよいだろう。

　何らかの理由で解析されないままコレクションに取り込まれたトラックを解析するには、トラックを右クリックして表示されるコンテキスト・メニューから「楽曲を解析」を選択する 画面07 。あるいは、後述するプレイヤー部分にトラックをドラッグ＆ドロップしてもよい。

画面06

画面07

2-2 | 楽曲の下準備

自動にせよ手動にせよ、トラックの解析が始まる際には 画面08 のダイアログが表示される。ここで変更できるオプションについて以下に解説する。

❶ BPM/Grid

BPMを解析し、ビートグリッドを設定するかどうかを設定する。解析のそもそもの目的なので、このチェック・ボックスを外すのは、過去にBPMを解析済みのファイルについて、追加でキーやPhraseだけを解析したい場合などに限定されるだろう。

画面08

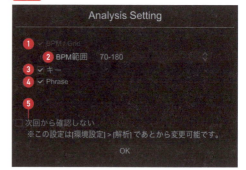

このダイアログが表示されない場合は、環境設定の解析タブにて同じ内容を編集することが可能だ。

❷ BPM範囲

BPMの解析結果に複数の候補がある場合は、ここで設定された範囲内のBPMに決定される。初期値は一通りのダンスミュージックが含まれる70から180までの広いレンジとなっており、多くのDJはこのままの設定で不便を感じないだろう。

70 BPM以下の楽曲や180 BPM以上の楽曲をコレクションにインポートする可能性がある場合は、インポートする可能性のある楽曲のBPMが含まれる他のレンジを選択することになる。この際、初期値のレンジを除くといずれも最大値は最小値の倍未満に設定されているので、65 BPMの曲も180 BPMの曲もインポートするという場合は、残念ながら、楽曲毎にレンジを適切に変更するか、いずれか一方のレンジを優先して取り込んだ後、修正のステップで必要な修正を加えるという手順になる。

初期値を除いたレンジの最大値が最小値の倍未満に設定されているのは、BPMの候補が複数ある場合は、大抵、一方が他方の倍だからだ（80 BPMか160 BPMか定かでない、等）。最大値が最小値の倍未満に設定されることにより、80 BPMがレンジに含まれる場合は160 BPMはレンジ外となるので、rekordboxが迷わずに結論を出せるのだ。

この制約は積極的に活用することも可能で、ダブステップやドラムンベースなど、一方が他方の倍のBPMである楽曲をシンクロさせてプレイするのであれば、作曲者の意図（例えば、

ダブステップの方は85BPMでドラムンベースの方は170BPM）に従う必要はなく、いずれか一方のレンジで解析をかけ、互いに近いBPMの楽曲（例えば、両方とも85BPM前後）として管理してもよいだろう。

❸ キー

キーについては大変奥が深いテーマなので、ぜひ他の資料にも当たってほしいが、「ハ長調」や「イ短調」、あるいは「Cメジャー」や「Aマイナー」という言葉を聞いたことがあれば、あれがキーだ。楽曲には固有のキーがあり、特定のキー同士のミックスは綺麗になりやすかったり、逆に不協和音になりやすかったりするので、そのポテンシャルを事前に把握するためにキーが分かっていると便利だ（P076でも解説するので、そちらも参照してほしい）。

❹ Phrase

ダンスミュージックは、8小節や16小節ごとの区切りで徐々に展開してくパターンの楽曲が実に多い。この特徴を活かし、前後の曲の展開するポイント同士が重なるようにミックスをすると、一方のヴォーカルが終わったタイミングで次の曲のシンセが入ってきたり、一方のベースが抜けたところで他方のベースが主導権を握ったりと、実に気持ちよいタイミングでミックスすることが可能だ。このような展開のひとかたまりをフレーズと呼び、このチェックボックスがオンになっていると、rekordboxはINTROやOUTRO、UP、DOWNなど独自のフレーズ名を与えながら、トラックをフレーズ単位に区切っていく。PERFORMANCEモードでフレーズを微調整することも可能だ。

フレーズは、LIGHTINGモードで活用したり、「つなぎどころ」や「盛り上がりどころ」など楽曲の展開を視覚的に掴みやすくしてくれたり、様々な場面で活躍する機能だ。

❺ 次回からは〜

ほぼ毎回、同じ設定で解析を実行してほしいならば、ここにチェックを入れて、以後このウィンドウが出ないようにするとよいだろう。設定を変更したい場合は、環境設定の解析タブからいつでも変更可能だ。

(3) 必要に応じてビートグリッドを修正する

　嬉しい驚きとして、本書の執筆にあたって自動解析を実行した際には、高い頻度で高精度な結果を得ることができた。しかし、修正が不要な場合でも少なくとも修正が不要であることを確認する作業は必須だ。

　ビートグリッドを確認・修正するには、作業対象のトラックを画面上部のプレイヤーにドラッグ＆ドロップする 画面09 。

画面09

中央の黒い地帯を狙ってドロップしよう。

　プレイヤーに解析済みのトラックをロードすると、まずは解析結果を反映した状態が表示される 画面10 。ここでは、ビートグリッドが実際のビートの立ち上がりよりも右、つまり遅れて設定されてしまっているようだ 画面11 。

画面10

画面11

まずは作業環境を整える。最初に、左下のCUE/LOOPの下にあるGRIDを選択し、GRIDを編集するタブに切り替える。続いて、波形が表示されている中央部分の左端にある＞をクリックし、拡大・縮小ツールを開く 画面12 。

拡大・縮小ツールが展開されるとこうなる。操作方法は自明だろう。

高精度なビートグリッドが望ましいので、ここでは最大まで拡大しよう。これで、ビートグリッドの編集をする準備ができた 画面13 。

やはり、ビートグリッドがかなり右にずれているようだ。

ビートグリッドの修正に活用するツールは 画面14 に示した各種。

❶一番左の上下に白い棒と赤い棒が表示されたボタンを押すと、再生ヘッド（波形が表示されている部分の中央に表示される縦線）の位置が小節の1拍目となるようにビートグリッドが適宜修正される。画面13の場合も、再生ヘッドを1拍目のビートの立ち上がり（音量がグッと大きくなる波形の一番左端）に合わせてこのボタンを押せば、第1小節の1拍目（1.1Bars）がその位置に設定され、解析されたBPMを元に残りのビートグリッドが等間隔に配置される 画面15 。

2-2 | 楽曲の下準備

画面15

❷ 左から2番目の数値は、設定されたBPMを表示している。ここに直接数字を打ち込んで、手動でBPMを設定することも可能だ。なお、これを盲信してはいけないが、自動解析の結果が小数点以下のないシンプルな整数の場合、BPMの解析は恐らく問題なく実行完了している。これは、コンピューターで制作された近年の楽曲は概ねBPMが整数値であるため、解析に問題があるのであれば、逆に、高確率で小数点以下の数字が発生するはずだからだ。

❸ 続いての「TAP」と表示されたボタンは、再生中、ビートに合わせて繰り返し押すことにより、その繰り返しのテンポに従ってBPMとビートグリッドを設定可能なボタンだ。アカペラなど打楽器が全くないトラックにざっくりとしたビートグリッドを設定する場合などに活用できる。

❹ 「◁|||」と「|||▷」は、ビートグリッド全体を左右に移動させるボタンだ。❶を使わずに、これらを使って、一番最初のビートグリッドを第1小節の1拍目に揃うように動かしてもよい。

❺ 「◁|||▷」と「▷|||◁」は、それぞれビートグリッドの間隔を広げる（BPMを遅くする）ボタンと、ビートグリッドの間隔を狭める（BPMを速くする）ボタンだ。2拍目、3拍目、と進んでいくうちに徐々にビートグリッドとビートがズレてしまう場合にはこちらを活用する。楽曲の中ほどまで進んだ箇所でビートグリッドとビートがズレている場合に、間違って❹を使用しないように注意する。もし使ってしまうと、正しい位置に設定した1拍目のビートグリッドがズレてしまうからだ。

❻ 「|||x2」と「|||x1/2」は、それぞれBPMを倍（ビートグリッ

ドの間隔を半分）にするボタンと、BPMを半分（ビートグリッドの間隔を倍）にするボタンだ。

❼ 続いての2つのボタンは、これまで紹介してきた各種の編集機能が編集する効果を、全体に及ぼす（左のボタン）か、再生ヘッドより右方向にだけ及ぼすか（右のボタン）を切り替える。なお、最初に右ボタンを使用する際、現在の再生ヘッドの位置から右方向を支配することになる一連のビートグリッドの最初の1つが自動で設定されるので留意すること。

ビートグリッドと接するのが初めてであればこの辺りから複雑に感じてくるかもしれないが、この機能はrekordboxが他と一線を画すポイントにもなっている、大変ありがたい機能だ。

最新のエレクトロ系の楽曲であれば最初から最後までクオンタイズされているのが通常であるため、この機能が活躍する場面は決して多い訳では無い。しかし、アナログのマスターからデジタイズされたクラシックスの再販トラックや、自前でレコードから録音した楽曲などの場合、意図せず、途中からBPMが変わったり、BPMこそ変わらないが、ブイレク明けからタイミングだけズレたりすることがあるが、本機能を使えば、このような楽曲でも全体を通してタイトなビートグリッドを設定することが可能だ。

また、相当骨ではあるが、必要な数だけビートグリッドのスタート地点を増やしながらコツコツとビートグリッドを追加していけば、生演奏の楽曲にも全体を通してビートグリッドを設定できる。ジャンルの垣根を越え、レコード等では不可能だったミックス・プレイを可能にしてくれる画期的な機能だ。なお、このようなBPMが変化する楽曲も、「楽曲解析モード」を「ダイナミック」にすることで自動的に解析を試みることができる（P124を参照）。

❽ それぞれ、直前の編集を取り消すUNDOと、取り消した編集を再度実施するREDOのボタンだ。

❾ ビートグリッドの正確さを判断するために、設定されたビートグリッドに従ってメトロノーム音を再生する。メトロノームと楽曲が綺麗にシンクロして聴こえるなら、ビートグリッドは正確だ。

❿ メトロノームの音量を調節する。

⓫ グリッド関係の編集をロックする。手動で各種の修正を施したトラックを誤って再解析してしまうと編集作業が全て上書きされてしまうので、充分に確認・修正作業を終えたトラックは、必ずこれを使ってロックするようにしよう。

⓬「Q」はクオンタイズの略だ。クオンタイズをオン（赤色）にすると、キューポイントの設定等をビートグリッドに対して特定の刻み（例えば、1拍刻みであれば、ちょうど各ビートグリッドの位置）でしか実行できないようになる。この刻み幅は、環境設定の詳細→その他のタブにて1/16拍から1拍まで設定可能だ。

　あくまでもビートグリッドに対して設定される刻みなので、ビートグリッドの修正前に活用してもメリットはない。

⓭ 楽曲の再解析や表示の設定など、いくつかの機能を呼び出せるメニューだ。

(4) ホットキューやループなどを設定する

　ビートグリッドの編集に満足したら、続いては各種キューポイント等を設定する。まずは、プレイヤー左下のCUE/LOOPタブを選択する。ここで活用するツールは 画面16 に示した各種。

画面16

❶ A〜Hはホットキューを設定するためのボタンだ。ホットキューは前章で説明した「記憶され、後から呼び出せる頭出しポイント」の一種なのだが、特徴として、再生中にホットキューを押すと、音声が途切れることなく、当該キューポイントから再生が継続される。印象的なリフやボイス・サンプルの位置にホットキューを設定し、プレイ中の楽曲に変化をつけるといったテクニック等に応用可能だ。

　最大8つのホットキューは、任意の箇所に再生ヘッドを合わせ、消灯しているホットキュー・ボタンの1つを押すことよって設定する。各ホットキューは、設定されるたびに独自の色付けを

されて点灯する 画面17 。

画面17

　各ホットキューの色は、設定済みのホットキューを右クリックすると表示されるカラーの一覧から選択することによって自由に変更可能だ 画面18 。また、設定された色は外部コントローラーにも反映可能で、例えば「サビの頭のホットキューはこの色とする」など個人的なルールを設定しておけば、色だけを頼りに自信を持ってホットキューを操作することが可能になる。

画面18

　そして、ホットキュー上にポインタを置いた際に表示される「×」をクリックすることよって、設定済みのホットキューを消去することが可能だ 画面19 。

画面19

　加えて、画面17 に示されるように、設定済みのホットキューは、プレイヤー上部の全体波形上に全てが、また、その下の拡大波形上でも、設定位置がやってくれば該当するホットキューが表示される。
　さらに、一番右の多目的なパネルのうちHOT CUEと記されたタブを選択すると、設定済みのホットキューを一覧で確認できるほか、右クリックで色を変更したり、「×」で消去したりすることが可能。また、設定時間と「×」の間のスペースには、ホットキューの内容のヒントとなるような文字列を打ち込むことが可能だ。
　一時停止中にホットキューを操作した際の挙動は、環境設定の詳細→その他のタブで変更可能だが、初期設定では再生時と同様、押せばそのまま再生が開始するようになっている。

❷「MEMORY」は、メモリーキューを設定するのに使う。

　メモリーキューを理解するには、まずはキューポイントを理解する必要がある。キューポイントは、ユーザー操作により適宜、再設定が可能な頭出しポイントで、設定したい箇所を再生ヘッドの位置に合わせて、プレイヤーの左端にある「CUE」というボタンを押して設定する。それ以降は、新たなキューポイントが設定されるまで、再生中にCUEボタンを押すと、設定されたキューポイントの位置にジャンプし一時停止状態になる。

　メモリーキューは、このようなキューポイントを後日活用できるように最大10個記憶する機能だ。ホットキューとの違いとして、一時停止中、再生中にかかわらず、設定済みのメモリーキューを操作した時の挙動は「キューポイントへジャンプして一時停止」一択だ。

　また、ホットキューとのもう1つの大きな違いとして、プレイヤーのCUEボタンを押した際のジャンプ先、つまりキューポイントは、メモリーキューを操作するとそのメモリーキューの位置に移動するが、ホットキューを操作してもキューポイントは移動しないので注意しよう。これはPioneer DJのCDJと同じ動作となっている。

　初期設定の状態では、トラックを解析後、最初のビートグリッドの位置に1つ目のメモリーキューが設定されるので、ビートグリッドを修正した場合は、当該メモリーキューも消去の上、再設定する方がよい。 画面20 では、修正したビートグリッドの1拍目に揃えて1つ目のメモリーキューを設定した。

画面20

　複数のメモリーキューがある場合は、「◁」と「▷」を使って前後のメモリーキューに移動することが可能だ。また、その横の「×」を押すと、現在有効なメモリーキューが消去される。

一番右の多目的パネルのMEMORYタブを選択すると、設定済みのメモリーキューを一覧で確認できるほか、消去したり、コメントを書き込んだりすることが可能だ。

❸「＜」、「1/4」、「＞」は、オートループを操作するのに使用する。数字の表示されたボタンを押すと、押したタイミングから、その拍数のループが作成され、ループ状態に突入する。「＜」と「＞」はそれぞれ、ループの長さを半分にするボタンと、倍にするボタンだ。また、これらのボタンの下にある横長のスイッチを右にスライドすると、手動ループの操作ボタンが現れる 画面21 。

画面21

手動ループはDJのタイミングで設定するループで、ここからループという箇所でINを押し、ループはここまでという箇所でOUTを押すと設定が完了し、ループ状態に突入する。ループ中は「RELOOP」と表示されていたボタンが「EXIT」に変わり、これを押すとループ状態を抜け、通常再生に戻る。その状態で表示が「RELOOP」に戻ったボタンを押すと、瞬時に先ほどのループに戻り、ループ状態に突入する。

(5) コメントなどの付随する情報を編集する

トラックの下準備として、最後にコメントなどの付随する情報を編集する。これは必須のステップではないが、多くの新曲を携えてプレイに挑む場合など、曲タイトルやアートワーク以外にトラックの内容のヒントとなるコメント等のシステムを作ると便利だという理由で活用するDJも少なくない。

トラックリストに表示されている内容であれば、直接編集することが可能だ 画面22 。

PART 2　2-2 ｜ 楽曲の下準備

画面22

「コメント」のカラム（列）に自分だけが理解できる楽曲の特徴を記入している様子。

　トラックリストに表示する内容の追加・変更は、カラムのタイトルを右クリックして表示されるコンテクスト・メニューを使用する 画面23 。

　トラックリストに非表示のカラムも含め、まとめて編集したい場合は、トラックリストの右にある「i」のマークを押して表示されるウィンドウで情報タブを選択する 画面24 。

画面23

画面24

060

コンピレーション収録曲が多数あり、アートワークが全て一緒で見分けがつかないなど、アートワークを変更したい場合は、同ウィンドウでアートワークのタブを選択する 画面25 。

画面25

　定型文から選択することで1曲1曲コメントを書くよりも手軽にトラックの特徴をタグづけしたい場合は、トラックリストに「マイタグ」のカラムを追加した上で、トラックリスト右の荷札のマークからカスタムの定型文を作成し、活用するのもよいだろう 画面26 。

画面26

PART 2
2-3 EXPORTモードの他の機能

（1）プレイリストの作成・編集

　楽曲の下準備が終わったら、プレイリストを作成すると便利だろう。プレイリストというのは、特定のイベント時にプレイする候補の楽曲や、購入月ごと、あるいは「男性ヴォーカルもの」などテーマに沿ったものなど、TPOに応じて活用したい楽曲を事前にまとめてリストにしたものだ。単なるリストなので、同じ楽曲を複数のリストに入れるなど自由自在だ。

　プレイリストの作成は、プレイリストのツリーの中からリストを追加したい階層を右クリックし、表示されるコンテクスト・メニューから「新規プレイリストを作成」を選択するか、同じ階層に既にあるプレイリストの横に表示される＋マークをクリックする 画面01 。

　続いて、プレイリストの内容やテーマが分かりやすいタイトルを作成する。命名されたプレイリストを選択すると、トラックリストにプレイリストが表示される 画面02 。もちろん、最初は空だ。

画面01

画面02

プレイリストへの楽曲の追加は、出発地点（例えばコレクション）のトラックリストからツリー内のプレイリスト・アイコンへのドラッグ＆ドロップでも可能だが、ドロップする目標地点が小さいと作業が捗らないので、できれば大きなトラックリストのエリアにドロップしたい。そのような場合に便利なのが、トラックリストの右のノートのようなアイコンをクリックして表示できるサブブラウザだ 画面03 。

画面03

　サブブラウザは、エクスプローラなどいくつかのツリー項目が割愛されているが、基本的にもう1つブラウザがあるような状態になるので、例えばコレクションのトラックリストからプレイリストのトラックリストへと楽にトラックを追加できるようになる。
　プレイリストからトラックを削除するには、トラックを選択してdeleteキーを押すのが簡単だ。プレイリストの1つからトラックを削除しても、他のプレイリストやコレクションには影響しない。プレイリストを丸ごと消去するのも同様の手順で可能だ。
　プレイ時には、ブラウザのトラックリスト部分に使用するプレイリストの内容を表示してもよいし、複数のプレイリストから選曲するのであれば、ブラウザの左上にある4つの小さなボタンから「TAG」以外の1つ（この3つはそれぞれ「パレットのバンク」と呼ばれる）を選択し、トラックリストの上部に出現する4つのエリアに1つずつプレイリストを表示させることも可能だ 画面04 。また、先ほどのボタンで「TAG」を選択すれば、複数のプレイリストから後々プレイするかもしれないト

2-3 | EXPORTモードの他の機能

ラックを追加し、準備しておく一時的なプレイリストとして使用可能なタグリストをトラックリストの上部に表示できる 画面05 。

画面04

画面05

（2）外部音源の録音

　オーディオ入力搭載のオーディオ・インターフェイスが接続されていれば、シンプルな操作画面を使ってアナログ音源を録音することが可能だ 画面06 。操作画面に用意されているのは、入力ソースの選択と録音レベルの調整、録音の開始／停止のみだ。無音と判断する（そこで自動的に録音を終了したり、ファイルを分割したりする）音量レベルや、録音ファイルの保存先、音量の最適化を実行するか否かなど、詳細な設定は環境設定の詳細→録音タブに集約されている。

画面06

（3）iTunes、並びにUSBなどのデバイスとの同期

iTunes→rekordbox⇄USBデバイスといった楽曲やビートグリッド、キューポイントなどのデータ共有は手動でも充分快適に活用できるが、特定のiTunesプレイリストとrekordboxを、そして特定のrekordboxプレイリストの内容とUSBデバイスを常に同期させるように設定することも可能だ。

これには、ブラウザの左下にあるSYNC MANAGERをクリックして起動させる 画面07 。

画面07

SYNC MANAGER内では、各同期を実行するかどうかのチェックボックスと、常に最新の状態でrekordboxに同期させたいiTunesプレイリスト、そして常に最新の状態でUSBデバイスに同期させたいrekordboxプレイリストを選択可能だ。

画面08

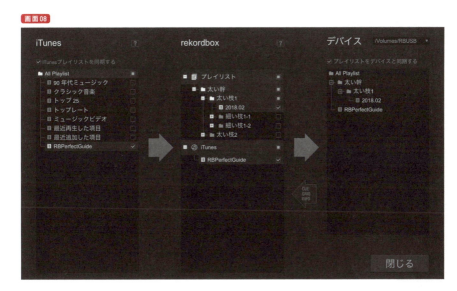

065

なお、前述の同期を含め、rekordboxでiTunesライブラリやプレイリストを使用するためには、iTunesの環境設定にて「iTunesXMLライブラリを他のアプリケーションと共有する」オプションを有効にする必要がある 画面09 。iTunesを起動し、環境設定の「詳細」タブを表示、該当する項目のチェックボックスがオンになっているか確認し、オフの場合は、クリックしてオンにする。

画面09

2-4 ビートグリッド修正のヒント

ビートの位置が掴みにくいときは

　ビートグリッドの確認・修正を行う際に、楽曲の冒頭など音数が少ない箇所ではビートが分かりやすいが、中盤の音数が多い箇所では波形が混雑してビートが分かりにくくなることがある 画面01 、 画面02 。

画面01

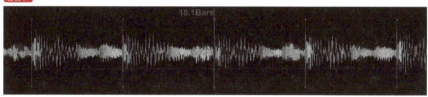

冒頭はビートの直前が無音に近いのでビートの立ち上がりがよく見える。

画面02

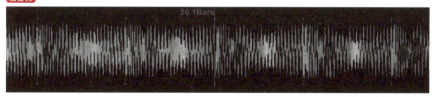

中盤はビートの直前にも分厚い音があるためビートの立ち上がりがよく分からず、ひいてはビートグリッドの正確性にも疑問が。

　また、単にそこまでメリハリが無い曲の場合でもビートの位置を掴みにくくなることがある。
　このような場合にビートグリッドの正確性を確認する1つの方法として、プレイヤー左にある「◁」と「▷」のボタンを使い、ビートジャンプをさせるというものがある 画面03 。下にある上下の矢印で、例えば8Beatsに設定し▷を連打すると、波形は連続して8拍ずつジャンプしていく。この時に、解析結果のBPMに誤りがあれば、波形の中に繰り返し登場するパ

ターン（例えば、画面02 の各ビートグリッドのちょうど中間に現れる、波形の密度が高く周りより白っぽく表示されている箇所）が、徐々に右か左の方向に流れていくのが見える。逆に、これらのパターンがジャンプを繰り返しても位置を変えないようであれば、解析結果はオッケーだ。

画面03

　もちろん、メトロノームをオンにして聴覚的に確認したり、トラックの最後の方で再び音数が少なくなっている箇所で改めてビートグリッドの精度を確認するなど、多角的に検証することが大事だ 画面04 。しかし、ビートグリッドの修正にばかり時間をかけて実際のプレイ時間や新曲を探し求める時間が減ってしまっては元も子もないので、効率よく正確なビートグリッドを得られるよう、創意工夫は常に必要なのだ。

画面04

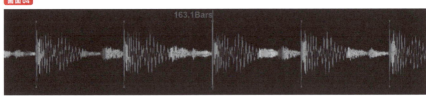

曲の後半で再び音数が少なくなった箇所で精度の高いビートグリッドが確認できたので全体として問題ない可能性が高まる。

PART 3

PERFORMANCEモード

変遷し続けるDJパフォーマンスの世界において、最新のアイディアやテクノロジーは、常にソフトウェアで最初に実現する。世界で最もカッティング・エッジなDJ機材であるPERFORMANCEモードをマスターし、個性という名のウェポンを手にしよう。

PART 3
3-1 PERFORMANCEモードの概要

PERFORMANCEモードとは

　主に下準備の目的で活用するEXPORTモードに対して、rekordbox djのライセンスを取得し、楽曲の再生、ミックス、エフェクトなどrekordboxのDJソフトウェアとしての各機能をDJプレイに活用するのがPERFORMANCEモードだ。

　かつて、旧来のDJ機器をシミュレートする形で誕生したDJソフトウェアは、目覚ましい発展を遂げ、フィジカルな機材では実現できない多彩な最新機能をDJ界にもたらした。

　しかし、すぐにハードウェアの反撃も始まり、一時はDJソフトウェアの専売特許であったビートグリッドを活用したタイトなループや、ホットキューなどの最新機能も次々に搭載。

　機能的な優位性を失ったことによりDJソフトウェアは、本格的なハードウェアDJ機材の廉価版、ライトユーザー向けの代替品、あるいは初心者向けの最初のセットアップかのように説明されているのを見かけることも少なくない。

　確かに、DJソフトウェアを中心としたセットアップは、コントロールするための機材を含めても比較的安価ではあるが、DJソフトウェアの利点はこれに止まらない。

●常に最先端を走れる

　DJ音源が手軽にダウンロード購入できるようになって以降、DJ技術は実に流動的なものになった。「選曲」や「つなぎ」が重要であることは今も昔も変わらないが、誰かがプレイしてヒットした曲はすぐに誰でも手に入れることが可能になってからというもの、他のDJとの差別化を図る目的でも、それらにプラスαした何かをDJプレイに盛り込むのがスタンダードとなってきた。

　このようなプラスαとして、サンプラー機能を駆使したリミックス・プレイ、映像や照明を同期させるプレイ、そして、先

に登場したサンプルを即興でプログラミングし、現場で打ち込み音楽を作ってしまうシーケンス・プレイなど様々な「新しいDJ技術」が登場したが、これらの新技術が盛り込まれるのは、当然、DJソフトウェアの方が先だ。

●自分のニーズにフィットさせられる

フィジカルなハードウェアをDJソフトウェア並みに高機能にしようとすれば、当然、機材はいわゆる「全部のせ」の状態となり、より大きく、より複雑に、そして値札も高額になっていく。しかし、全てのDJが全部の機能を必要としている訳ではない。

DJソフトウェアであれば、画面に表示する内容も、操作に用いるコントローラーも、各DJのニーズに合わせてフィットさせることが可能だ。ビュッフェだからといって、全種類を皿に乗せる必要はないのだ。

●常に同じセットアップを実現できる

DJソフトウェアを中心としたセットアップの場合、どうしてもクラブ側の機材に頼らなければならないのは、ミキサーやアンプ、スピーカーなど、最終的に音を出力するための機材だけだ。独自のプレイスタイルに関わるあらゆるソフトウェア、ハードウェアは自前のものであるのが通常なので、自宅で技術を磨いている時も、場末の酒場でプレイをする時も、船上パーティでも、そして大規模なフェスのステージでも、常に同じセットアップでプレイできるのだ。

以上のように、DJソフトウェアを中心としたセットアップには、クリエイティブ面、プロフェッショナル面で考えても、しっかりとした利点があるのだ。

3-1 | PERFORMANCEモードの概要

PERFORMANCEモードを起動

rekordbox画面、左上のプルダウンから「PERFORMANCEモード」を選ぶとPERFORMANCEモードに突入する 画面01 。

画面01

画面02

　PERFORMANCEモードでは、2つ、または4つの「デッキ」 画面02 、1つの「サンプラーデッキ」 画面03 、1つの「ミキサー」 画面04 、そして2つの「FXユニット」 画面05 を駆使して楽曲を再生し、即興演奏し、ミックスし、エフェクトをかけた上で、最終的な音声として出力する。

画面03

画面04

画面05

画面06

　また、画面最上部のバーには、表示する項目を決定するプルダウン・メニューやチェック・ボックス、そしてMIDI設定や環境設定に入るためのボタンが設置されている 画面06 。

PART 3
3-2 デッキ

メインの音源を再生するセクション

　完成した楽曲など、メインの音源を再生するのがデッキだ。rekordbox djには個別に操作が可能なデッキが4台用意されている。この4台は、全てを表示することも可能だし、4台も必要ないというのであれば、他の表示要素を増やすために、2台だけ表示することも可能だ。この設定の切り替えは、画面左上の「PERFORMANCE」と表示されたモード切り替えプルダウンの1つ右のプルダウンから行う 画面01 。

画面01

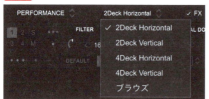

　なお、この時には、デッキの数と共に拡大波形を横向き（Horizontal）に表示するか縦向き（Vertical）に表示するかも同時に決める必要がある 画面02 、 画面03 。

画面02

画面03

　この拡大波形というのは、再生時に右から左（Horizontalの場合）、あるいは下から上（Verticalの場合）に流れ、この後やってくる展開を表示してくれる波形なので、その情報源として便利だと思う方を選択するのがよいが、画面02 、画面03 で示したように、デッキの形状にも大きく影響を及ぼすので、波形の向きにこだわりがなければ、デッキの形状の好みで決定してもよいだろう。あくまでも自分の目で見て判断することを推奨するが、画面02のように、Horizontalの場合は、中央の再生位置よりも右に6小節分を割と余裕を持って表示できているのに対し、Verticalの場合は再生位置より下に2小節表示するだけでもかなりキツそうなので、「この後の展開」という情報の先取りが重要だと思うのであれば、Horizontalが正しい選択肢になりそうだ。

　続いて、Horizontalに設定した状態のデッキを例に、各機能について説明する 画面04 。

画面04

❶ ディスプレイ

アートワークやタイトル、アルバム名、BPM、キーなど楽曲固有の情報が表示される。例えば他のDJソフトで同じ楽曲ファイルを開いた場合でも同じ情報が表示されるという意味で「固有」だが、BPMやキーのようにrekordboxの解析結果も含まれるので、「元からの」という意味ではないことは留意してほしい。アートワークを含めた他の情報とて、ブラウザなどでエディットすれば、変更可能だ。加えて、再生時間と残り時間も表示される。

❷ キー／KEY SYNC

❶のディスプレイは、rekordboxの解析結果など楽曲がもともと保有するキーを表示する。しかしDJ中は、再生速度を変更するなど楽曲の音程が変わる動作を実行することが多い。こちらに表示されている「E♭m ±0」は、それら動作の結果を反映した、現在のキーだ 図01 「±0」と表示されているのは、楽曲固有のキーからの変化量（最大1オクターブ＝12）である。このキー及び数値の左右の矢印をクリックすれば、半音単位で、音程を上（右）下（左）させることが可能だ。ただし、再生速度を変えずに音程を上下させる加工はそれなりに音質劣化を伴うので留意しよう。

グレーになっている「KEY SYNC」をクリックすると、必要に応じて楽曲の音程を変更し、再生中の楽曲のキーと相性が良いキーにしてくれる。同じキーの楽曲同士を重ねてプレイすると、別の楽曲であるにも関わらず、一方のベースが他方のヴォーカルとぴったりマッチするなど、非常に興味深いミックスを実現することが可能だ。しかし、これには一方の音程を最大で半オクターブ上下させる必要がある。音程の変更は現代でもかなり音質を劣化させる加工であり、この劣化の量は、音程の変化量に比例する傾向がある。この問題を解決する方法が、同じキーだけでなく、「相性の良いキー」も活用することだ。

相性の良いキーを活用したミックスはハーモニック・ミキシングと呼ばれ、それだけで本を1冊書けるような奥の深い世界なので、ここで掘り下げることはできないが、簡単に説明すると、楽曲にはそれぞれ支配的なキーがあり、2曲のキー

が特定の条件を満たす場合に、ミックスの結果が美しい和音になったり、おぞましい不協和音になったりする傾向を考慮したミックスだ。

具体的には、図01 において現在プレイ中の楽曲のキーを中心に、両隣のキー、及び外内の関係にあるキーは相性が良い。たとえば、現在プレイ中の曲が「C」ならば、「F」、「G」、「Am」の楽曲と相性が良いのだ。これを活かせば、本来、2曲が同じキーである確率は1/24（キーが24種類あるため）だが、相性の良いものも含めれば1/6（4/24）の確率でハーモニック・ミキシングを楽しめる楽曲が存在することになる。

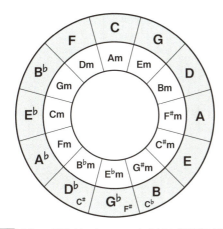

図01 全部で24種類あるキーを、ハーモニック・ミキシングの参考にするのに便利な順序に並べたもの。

そして、rekordboxの機能を使いキーを変更してハーモニック・ミキシングを楽しむ場合にも、「C」の楽曲にミックスするためには、必ずしも「C」に変更しなくても、より少ない音程の変化（＝より少ない音質の劣化）で「F」か「G」にたどり着くことができるのであれば、そちらを優先し、音質劣化を抑えたハーモニック・ミキシングを楽しむことが可能なのだ。

❸ SYNC

SYNC機能のオン・オフと、MASTERの選択を行う。SYNC機能の原理については、第2章「EXPORTモード」を参照してほしい。

SYNC機能は同期をする、つまり「合わせる」訳だから、必ず何れかのデッキが「基準」となって、他のデッキはそれに「合わせる」形となる。この「基準」となるのがMASTERデッキだ。とはいえ、基準となるデッキが固定されていると、楽曲が終わるなどしてそのデッキを停止させてしまうと、他のデッキも「合わせて」止まってしまう。これでは使い勝手が悪いので、MASTERに設定されたデッキを停止させたり、ボリュームをゼロまで下げて音声が出ない状態にすると、自動的に他の「再生中」かつ「音量がゼロ以外」(このような状態のことを「オンエア中」と呼ぶ) かつ「SYNC中」のデッキにMASTERが移動する。候補が複数ある場合は、数字が小さい方のデッキに移動する仕様に固定されているが、とどのつまり、オンエア中のデッキが1台もなくなるまでSYNCの鼓動が脈々と受け継がれていくだけなので、この仕様のために困るというシチュエーションもあまり考えられない。唯一、テンポを変更することはMASTERデッキ以外ではできないので、プレイ中に全体のテンポを変更したい場合は、操作しようとしているデッキがMASTERになっていることを確認する必要がある。

　上記のような場面に対応できるよう、MASTERデッキは手動で好きなデッキに設定することが可能だ。自動設定では常にオンエア中のデッキを渡り歩くMASTERだが、手動で設定する限りは、停止中のデッキをMASTERにすることも可能だ (用途はかなり特殊なものになりそうだが)。

　なお、一時的に曲を加速・減速するピッチ・ベンド操作やスクラッチ、1拍未満のループなどSYNC状態が崩れるアクションを行うのはMASTERデッキでもそれ以外でも可能で、そのアクションをやめた瞬間に、再度SYNC状態に戻る。また、このようなアクションをMASTERデッキで行った場合は、MASTERが他のオンエア中かつSYNC中のデッキに移動する。

　ところで、SYNCには、BPMだけを同一にするBPM SYNCと、ビートのタイミングも揃えるBEAT SYNCの2つのモードがあり、これは環境設定→コントローラーのデッキ・タブで変更可能だ。ビートグリッドが正確に設定されていればBEAT SYNCを使わない手はないと思うのだが、自分のタイミングで楽曲をスタートさせ必要に応じてピッチ・ベンドを

したいのであれば、BPM SYNCが正解だ。

　なお、BEAT SYNCモードにおいてMASTER以外のSYNC中のデッキでもピッチ・ベンドは可能で、これは地味にありがたい機能だ。マスターがアナログだった時代の音源には全体のBPMは変わらなくても途中でビートのタイミングが若干変わる曲もあり、この機能が搭載されていることにより、そこまで神経質に全編に渡って正確なビートグリッドを設定しなくても、必要な場面に遭遇したら、なんの制約もなくピッチ・ベンドを活用し綺麗にミックスをすることが可能だ。BEAT SYNC中にピッチ・ベンドをするとそれはもはやBEAT SYNCではなくなるので、SYNC画面の表示も正しくBPM SYNCに変わる 画面05 。この表示は、楽曲を入れ替えて新たなミックスを開始する段階までには設定通りBEAT SYNCに戻る。

画面05
BPM SYNCモードの際や、BEAT SYNC中にピッチ・ベンドなどを行うと、SYNCの表示はこう切り替わる。

　rekordboxのSYNCは競合ソフトに比べても柔軟にできており、使い勝手はよいが、そこを頼りにビートグリッドの設定を疎かにするのは、絶対に避けてほしい。随所で繰り返し登場するが、ビートグリッドの正確さは、ミックスの綺麗さ以外にもDJソフトウェアの活用において全般的に影響を及ぼすパラメーターなのだ。

❹ 全体波形

　デッキにロードされた楽曲の全体波形が表示される。楽曲の長さによらず、デッキの幅に合わせて、1曲分の波形が丸ごと表示されるので、全体の中での再生位置（「半分くらいまで来たな…」等）の確認や、今後の展開（「幅が細い部分（＝ビートの弱い部分）が今後やってくるな…」等）の先読み、設定済みのキューポイントの位置確認などに活用する。また、全体波形をクリックすると再生位置がそこに飛ぶので、楽曲の中を大雑把に動き回るのに使える。

　環境設定→表示のレイアウトのセクションで「フレーズ（全体波形）」にチェックが入っていれば、解析済みのフレーズがあれば全体波形の下に表示される。

3-2 デッキ

⑤ ループ

ループの手動設定に使用する。画面04ではオートループを設定する状態になっており、数字の部分をクリックすると、その数字の拍数のループが瞬時に有効となり、再び数字をクリックすることによって解除する。左右の矢印をクリックすると、ループの幅を半分（左）にすることや、倍（右）にすることが可能だ。

左右の矢印の下のスライド・スイッチを右に切り替えると、IN/OUT点を指定してのループ設定が可能になる 画面06 。読んで字のごとくだが、IN点がループの始点で、OUT点がループの終点だ。先にIN点を設定し、続いてOUT点を設定した瞬間に再生はIN点に戻り、IN点・OUT点間のループに突入する。ループ中は画面06で「RELOOP」となっている部分の表示が「EXIT」に変わり、ループ解除用のボタンとなる。EXITを押してループを解除すると再び表示は「RELOOP」に戻るが、今度は、RELOOPを押すことにより、前回設定したループに再び突入することが可能になる。

画面06

初期のCDJなどは機材側は一切BPMを感知しておらず、DJは自分のリズム感でループを設定するしかなかった。IN/OUT点を使ったループの設定方法は、基本的にはその時代の機能の名残なのだが、3拍や6拍など、1拍を倍々にしていくのでは設定できない拍数のループを設定したい場合は、こちらの機能を活用することになる。

⑥ パフォーマンス・パッド

DJソフトウェアの高機能化が進むにつれ、パッドやボタンをたくさん使う機能がいくつも登場した。もっともベーシックなものとしては、再生中にリアルタイムで設定できる頭出しポイントの「ホットキュー」、「1拍」「2拍」「4拍」などと拍数を指定してループの突入できる「ビートループ」などが真っ先に

登場し、最近では、楽曲の一部をリアルタイムで均等なセクションに分割し、セクションごとに別なパッドに割り当て、それを演奏するようなプレイが可能な「スライサー」という機能もほぼ標準的になってきた。これらの機能を全て個別にコントロールするにはおびただしい数のパッドやボタンが必要になってしまうため、コントローラーの世界では、各デッキに8つのパッドを用意し、モードボタンのようなもので機能を切り替えながら、同じ8つのパッドで複数の機能を操作する形がスタンダードとなってきた。転じて、パフォーマンス・パッドは、8つのパッドとモード切り替えボタンが搭載されたコントローラーと組み合わせて使いやすいように、これらの多種多様な機能をまとめたものだ。

パフォーマンス・パッドが現在コントロールする機能は、左下に表示されている。この表示をクリックすることにより、他の機能に切り替えるためのプルダウン・メニューが表示される 画面07 。続けて、それぞれの機能の概要を解説する。

画面07

● HOT CUE（ホットキュー）

ホットキューは、再生中（停止中も可能）にリアルタイムで頭出しポイントを設定できる機能だ。狙ったタイミングで空きスロット（アルファベットの横が空白）をクリックし設定する 画面08 。不要になったホットキューを消去したい場合は、ホットキューの上にポインターを持っていった時に表示される「×」をクリックすればよい。

画面08

3-2 | デッキ

　設定済みのホットキューをクリックすると、瞬時にその位置に移動し、再生が開始する。この動作は停止中も同じなのだが、停止中にホットキューを確認するだけでも再生が始まってしまうのが望ましくない場合は、環境設定→コントローラーのデッキ・タブから、「一時停止中はGATE再生」を選択することにより、再生中ならば即再生、停止中の場合はホットキューを押している間だけ再生し、離すとホットキューの場所に戻るという仕様に変更可能だ。

　また、ホットキューは色々とカスタマイズが可能だ。カスタマイズしたいホットキューを右クリックすると、ホットキューの色と、コメントを加えるための項目が表示される 画面09 。使い方は自明だと思われるので割愛する。

画面09

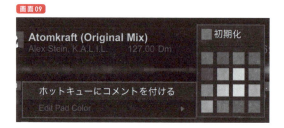

　ホットキューにコメントを追加すると、デフォルトではホットキューの位置を示す時間だった表示が、入力した文字列に変更される 画面10 。あまり多くの文字は表示できないので、ネーミングには工夫が必要だ。

画面10

　なお、ホットキューを設定したり使用したりすると、「CUE」と表記されたボタンを使用して設定する「キューポイント」がその位置に移動するアプリケーションもあるが、rekordboxの場合は、ホットキューの操作はキューポイントに一切影響を与えないので、注意が必要だ。例をあげると、例えば普段

とは違う位置から再生を開始しようと思い、ホットキューを設定。ホットキューの位置から再生して、頭出しポイントが合っていることが確認できたので、再び頭出しポイントに戻って待機したい（一時停止したい）と思ったとしよう。ところが、この時にCUEボタンを押すと、ホットキューとは別に設定されたキューポイントの位置に戻って一時停止となる。一方、今しがた設定したホットキューを押すと、正しくホットキューの位置に戻るが、すぐに再生が始まってしまうので、狙った動作とは異なってしまうのだ。しかし、ホットキューは押せばすぐにその場所から再生が始まるので、実は、待機する位置はどこでも構わないのだ。心を柔らかくして、rekordboxの仕様を体得すれば特に不便を感じることはないだろうが、特に他のDJソフトウェアの経験があるユーザーは、肝心の場面で狙った頭出しポイントに戻れないということが起きてしまわないように注意したい。

●PAD FX

　rekordbox djにFXユニットが2つしかないことを物足りなく思ってしまった方は、ここでその物足りない気持ちから卒業していただこう。PAD FXは、FXユニットの中でよく使うエフェクトの、よく使うパラメーター（かかり具合）をワンタッチで呼び出し、搭載されたデッキにだけ適用する機能だ 画面11 。パッドは全部で16個（一度に表示できるのは8個で、パッドの右にあるスクロール・バーで他のパッドを表示させる）あり、さらに、16のパッドを持つページが2つあるので、合計32個のエフェクトとパラメーターの組み合わせを準備しておき、ワンタッチ、あるいはページ操作後のワンタッチとスピーディに呼び出すことが可能だ。

画面11

SLIP LOOP	SLIP LOOP	SLIP LOOP	SLIP LOOP
■ 1/8	■ 1/4	■ 1/2	■ 1/1
DELAY	FILTER LF	REVERB	R V.BRAKE
■ 1/4	■ 4/1	■ 50	■ 3/4

PAD FX

3-2 | デッキ

　これらのパッドには、使用できるエフェクト（RMXエフェクトのライセンスがあればRMXエフェクトも設定可能）の大部分が割り当て可能で、かつ、好きなだけのPAD FXを同時に使用できるので、パラメーターこそ固定ではあるが、これだけで16個のFXユニットがあるようなものなのだ。むしろ、16個のFXユニットがあったとして、それらを操作できる指の数は限られているのだから、あらかじめ好きなパラメーターに設定しておきパッド一発で起動できるPAD FXの方が、FXユニットが16個あるよりも使い勝手がよいだろう。

　各パッドに割り当てるエフェクトの編集は、「PAD FX」と表示された少し右の歯車のようなアイコンをクリックして行う 画面12 。

画面12

　ここの操作も直感的に行えるだろう。エフェクト名をクリックすれば、変更先の候補となるエフェクトがカテゴリーごとに一覧で表示される。続いてはパラメーターを1つまたは2つ設定できるが、この内容はエフェクトごとに異なるので、色々試してもらって直接理解してほしい。例えば、「SLIP LOOP」はループの長さしか設定値がないのでパラメーターはループの長さ1点となるが、「DELAY」であれば、反復されるまでの間隔（拍数で設定）と、かかり具合の2つのパラメーターが用意されている。また、カテゴリーの「RELEASE FX」から選択した場合だけ、2つ目のパラメーターはHOLDモードのオン・オフを切り替えるものとなる。HOLDモードがオンの場合、最初にパッドを押しエフェクトがオンになった後、パッドを離してもオフにはならず、再度パッドを押した時にエフェクトがオフになる。HOLDモードがオフの場合は、他の全てのエフェクト同様、エフェクトはパッドを押している間だけ有効となる。

●SLICER（スライサー）

　スライサーは、楽曲の一部を瞬時に8つのセクション（スライスと呼ぶ）に分け、それらを8つのパッドに割り当てて演奏するようにプレイする、フィンガー・ドラミングなどと呼ばれるパフォーマンス・トリックを実践するための機能だ。狙ったタイミングでスライサーを起動（パフォーマンス・パッドをSLICERモードに変更すると自動的に起動）すると、その位置から8つのスライスが瞬時に生成され、すぐにでも演奏可能となる。

　演奏可能な状態の最中も、楽曲は粛々と進んでいく。しかし、好きな時に好きなパッドを押せば、そのパッドを押している間は、該当するスライスが、あらかじめ決められたループ幅でループ再生される。そして、パッドから指を離した時には「本来ここまで進んでいるはずだった」という箇所まで再生位置はすぐに戻る。再生位置が8つ目のスライスに差し掛かった時が1つのポイントで、この時にいずれのパッドも操作していない状態であれば、8つ目のスライスの右側に新たに8つのスライスが生成され、再生位置は次の8つのスライスへと進行していくことになる。一方、再生位置が8つ目のスライスを完全に通過し終わる瞬間にいずれかのパッドを操作している場合は、再生位置は現在設定されている1つ目のスライスの頭に戻り、同じ8つのスライスの範囲を再度繰り返すことになる 画面13 。このあたりの動作は習うより慣れろが最適で、実際にやってみればすぐに理解できるだろう。

画面13

2つ目のスライスを演奏中の状態。本来の再生位置は、数字の字の色が薄くなっている（ソフトウェア上は白）スライスに見える縦棒の位置だ。このままスライスの演奏を続けていれば、再生位置は一番左の1つ目のスライスの冒頭に戻ってくることになる。一方、縦棒が8つ目のスライスの右端に着く前に演奏をやめれば、8つ目のスライスの右に見える波形が大きくなっている箇所から新たに8つのスライスが作成され、曲は進行していく。

　続けて、 画面14 を元に、設定可能な詳細について解説する。

3-2 | デッキ

画面14

❶ ループ ON／OFF

「SLICER」と上下矢印の表示に最も近い、いかにもループを表していそうな角丸長方形の矢印をクリックすると、8つのスライス全体の幅でループが有効になる。通常は再生位置が8つ目のスライスに差し掛かった際の動作はその時点でパッドを操作しているかどうかに左右されるが、ループが有効な場合は、必ず現在の1つ目のスライスに戻る。同じ8つのスライスを使って長時間演奏したい場合は、ループを有効にすればよいのだ。ループを解除するには、同じアイコンを再度クリックする。

❷ ジャンプ

続いての「左右の矢印」をクリックすると、8つのスライスと同じ幅の分だけ左右に移動した箇所に8つのスライスを作り直し、再生位置も合わせて同じ距離だけジャンプする。つまり、再生位置が3つ目のスライスに差し掛かったタイミングでジャンプした場合は、ジャンプ先の3つ目のスライスから再生が継続することになる。例えば、ループを設定するほどではないが、一度次の8つのスライスに移動した後、再び前の8つのスライスに戻って演奏をしたい場合などに活用できるだろう。

❸ スライス合計の長さ

続いての「数字を挟んで左右に伸びた矢印」をクリックすると、8つのスライス合計の長さ(拍数)を半分(左)にしたり、倍(右)にしたりできる。これは8つのスライスの合計なので、例えば16に設定した場合は、1つのスライスの長さは2拍になる。

❹ スライスのループ長

続いての「数字とループ・マークを挟んで左右に伸びた矢

印」をクリックすると、各スライスを再生する際のループの長さを設定できる。最大値は各スライスの長さと同一で、最小値はその1/8となる。例えば、スライス合計の長さが4拍の場合、各スライスの長さは1/2拍なので、スライスのループは最大1/2拍から、最小1/16拍まで設定可能となる。

● BEAT JUMP（ビートジャンプ）

　SYNCが与えてくれた最大の恩恵の1つが、ビートジャンプだ。

　クオンタイズされた音楽のビート間の長さは、徹頭徹尾、一定であるため、8拍は正確に4拍の倍であるし、128拍はジャスト64拍の倍である。この特性を活かすことにより、ビートグリッドが正確に設定された楽曲であれば、例えば「きっかり16小節先」まで瞬時に飛ぶことが可能だ。また、その際に再生中であれば、他の曲とのSYNC状態を崩さずにこれができる。

　ビートジャンプが登場するまで、楽曲の中の特定の場所に移動したければ、例えばレコードであれば針を持ち上げ、CDであれば早送りなどを使って、おおよその位置まで移動し、精度の高い位置調整には、レコード自体やCDプレイヤーのプラッター（天面部についている丸いディスク状のパーツ）を回転させ、音を聴きながら探るほかなかった。

　同じ作業をビートジャンプでやろうとするならば、最初は8小節などの大きな幅で数回移動し、目的地が近づいてきたら1〜2小節単位で絞り込めばよい。また、速さだけならば旧来の手法でも不便を感じないという主張もあり得るが、楽曲のSYNC状態を崩さないで8小節なり16小節なり前後に移動するというのは、端的に言って、SYNCとビートジャンプが存在しなければ不可能だ。

　ビートジャンプの操作は単純明快だ 画面15 。数字を挟んだ左右の矢印が表示されたパッドを押せば、その数字の拍数分

画面15

だけ曲を戻し(左)たり進め(右)たりできる。8つのパッドの右下にある左右の矢印でさらに追加のページを呼び出すことが可能で、ジャンプする幅は、最大で128拍、最小で1/8拍の設定と、それよりさらに細かいFINEという分量でジャンプすることが可能だ。

● **BEAT LOOP（ビートループ）**

ビートループは、あらかじめ決められた拍数のループを瞬時に設定し、ループに突入する機能だ 画面16 。右端のスクロールバーで上下にスクロールし、さらに多くの拍数を表示させることが可能で、ループの長さは、最大で512拍から、最小で1/64拍まで設定可能だ。なお、512拍とは、120 BPMの曲で4分16秒もあるので、これ以上大きなループが欲しい時もなかなかないだろうが、もし512拍よりも大きなループを設定したい場合は、パフォーマンス・パッドの右にある通常のループ機能のIN/OUT点を設定する方法で設定可能だ。

画面16

● **KEYBOARD（キーボード）**

こちらは、音楽的な意味でのキーボード。ホットキューの1つを使用し、パッドを押すことによって半音単位で音程を上下させての再生が可能だ 画面17 。単体のボイスサンプルや、シンセ音が目立っている箇所などで活用すると効果的だろう。

画面17

歯車のアイコンをクリックすれば、ホットキューの選択、あるいは新たにホットキューを設定するための画面に飛べる。既に設定されたホットキューから選択するだけなら、その隣の、画面では「A」が表示されている箇所の上下の矢印をクリックし、プルダウン・メニューから選択することが可能だ。パッドの右下にある左右の矢印でさらに追加のページを呼び出すことが可能で、音程の変化量の最大値は、上下ともに1オクターブ（±12）だ。また、一番右のページには、音程の変化量として効果的な+7及び-5、そして半音ずつ上下させるための「SEMITONE UP」と「SEMITONE DOWN」、さらに、他方の曲と相性の良い音程に自動設定する「KEY SYNC」のオン・オフと、楽曲本来のキーに戻す「KEY RESET」が用意されている。

●KEY SHIFT（キーシフト）

　働きや操作方法は1つ前のキーボードと同一だが、こちらはホットキューを活用するのではなく、現在の再生を継続しながら、音程だけを上下させるのに活用する 画面18 。

画面18

●SEQ. CALL（シーケンス・コール）

　rekordbox djでは、後述するサンプラー機能を使った演奏の結果を「シーケンス」と呼ばれる演奏パターンとして記録し、好きな時にそれらを呼び出し、打ち込んだのと同じように自動演奏をさせることが可能だ。このシーケンスを呼び出すことを「シーケンス・コール」と言う。

　シーケンスが記録されていればパッドに表示されるので、演奏を開始したいタイミングで狙ったパッドを押すだけだ 画面19 。あとは、記録されたシーケンス通りに演奏が繰り返される。シーケンス名を右クリックすれば、シーケンス名を編集することも可能だ。

画面19

　シーケンスが複数記録されていれば、いつでも違うシーケンスに変更することが可能だ。また、演奏中のシーケンスを再度クリックすると、クリックしたタイミングで再び頭から演奏を始める。しかしこの機能はあくまでもシーケンスを呼び出しているだけなので、シーケンスの音量を変えたり、シーケンスの演奏を停止するには、サンプラー側で操作するしかない。こちらについては後述する。

● ACT. CENSR（アクティブ・センサー）
　アクティブ・センサーは、楽曲の中の特定の範囲に対して、毎回同じエフェクトを適用したい場合に活用する。ただし、活用できるエフェクトは4種類と限られている。この「センサー」は「検閲」という意味の英語に由来し、子供が聴くなどの理由で特定の歌詞（俗にFワードと称される）などをボカしたい時に、いわゆるピー音で上書きするよりも音楽的にボカすことを可能にしてくれる。

　ここまでの活用術をマスター済みであれば、使い方は割と直感的なはずだ。まず、適用したいエフェクトを選択し、続いてIN点とOUT点を設定する 画面20 。これで、ON/OFFがオンになっていれば、再生中の楽曲がIN点に到達したらエフェクトがかかり、OUT点に到達したらエフェクトが解除される。「CLEAR」は読んで字のごとく、現在操作中のアクティブ・セ

画面20

ンサー範囲を削除するのに使用する。

　パッドの下に左右の矢印が2セットあるが、左の2つは、アクティブ・センサーが設定されている範囲を選択するのに使用する。右を押せば、現在の位置より右にある最初のアクティブ・センサー範囲に移動するといった寸法だ。そして、右の2つは、エフェクトの種類にTRANSまたはV.BRAKEを選択した時のみ有効なボタンで、エフェクトのパラメーターであるビート数を増（右）減（左）するのに使用する。

● MEMORY CUE（メモリーキュー）

　もっともかいつまんだ説明をすると、メモリーキューは、「CUE」と表示されたボタンで設定するキューポイントを記憶するための機能だ 画面21 。したがって、設定方法としては、まずはキューポイントの設定方法に従い、楽曲を停止させた状態で頭出しポイントを再生位置に合わせ、CUEボタンを押す。そのようにしてキューポイントを設定したら、続けてパッドの下にある「MEMORY」と表示されたボタンを押すと、記憶することが可能だ。

画面21

　メモリーキューは1曲あたり10箇所まで設定することが可能だ。なお、設定済みのメモリーキューは、デフォルトではキューポイントの時間を表示している。この時間を右クリックすれば、表示される情報を入力した文字に変更することが可能だ 画面22 。

　ホットキューと類似点もあるが、再生中に設定できない（キューポイントは停止して設定するため）ことや、メモリーキューに飛ぶ操作をしてしまうと、再生中でも停止・待機になってしまうので、ホットキューの代わりに使うのはちょっと難しい。そもそもキューポイントはそんなに必要ないというタイプであれば、キューポイントとホットキューだけあれば充分

画面22

に感じるかもしれない。

　ただし、ロードした後、パッド一発で楽曲の途中に設定したキューポイントに飛び、かつ、キューポイントをその位置に設定できるのはメモリーキューだけの特権なので、例えば「楽曲を短めにかけたい時用の頭出しポイント」を記憶しておくのには、便利かもしれない。また、ホットキューはあくまでもプレイ時に必要なものを設定して使うリアルタイム用途の機能とし、「楽曲の冒頭」、「最初のビート」、「ブレイクの始まり」など、恒久的に設定しておきたいキューポイントはメモリーキューに集約するという使い分けもよいだろう。

❼ 再生コントロール

　もっとも基本的な再生コントロールはこのセクションに集約されている 画面23 。ベーシックなタイプのDJ用CDプレイヤーを操作したことがあるなら、おおよその使い方は想像がつくだろう。

画面23

● **PLAY**（再生ボタン）

おなじみの「▷」の記号が表示されたボタンは、再生ボタンだ。停止中に押すと再生が始まり、再生中に再度押すと、停止する。

● **CUE**（キューポイント）

再生ボタンの上の「CUE」と表示されたボタンは、キューポイント用のボタンだ。停止中にCUEを押すと、その位置にキューポイントが設定される。その状態でCUEを押すと、キューポイントから、押している間だけ再生され、ボタンを離すと再生位置は再びキューポイントに戻り、一時停止となる。また、再生中に押した場合も、同じく再生位置はキューポイントに戻って一時停止となる。

● **ピッチ・コントローラー**

円の内側にある「−」と「＋」のボタンはテンポを上下に変化させるピッチ・コントローラーだ。テンポを上げる「＋」が下に配置されているのを不思議に感じるかもしれないが、これは、旧来のDJ機器に搭載されたピッチ・コントローラーの向きに準じている。なお、SYNCが有効な場合、MASTERデッキ以外は、この2つのボタンは操作できない。

「−」ボタンの下には、大きく現在のBPMが表示される。現在のBPMは、楽曲本来のBPMとピッチ・コントローラーやSYNCによるテンポの加減によって決定される。なお、この数字をクリックして数値で直接BPMを設定することも可能だ。

さらに下の段、左側には楽曲本来のBPMからの加速・減速の度合いがパーセンテージで表示される。例えば「50.0％」と表示されていれば、楽曲本来のBPMの半分の速さで再生されていることになる。そして、右側に表示されているのは、テンポの、ピッチ・コントローラーによって変更可能な度合いの最大値と最小値だ。この数字をクリックしていくことにより、±6％、±10％、±16％、そしてWIDE（±100％）を切り替え可能だ。

そして、丸い部分の左下に表示された左上・右下の矢印は、押している間だけ楽曲の再生を少し加速（左上）・減速（右

下）するボタンで、ピッチ・ベンドやナッジと呼ばれる操作を実行するのに活用する。こちらは、SYNC中でも操作可能だ。

❽ SLIP/Q/MT（スリップ／クオンタイズ／マスターテンポ）

最近ではすっかりDJ機材、DJソフトウェアの常駐メンバーとなったこちらの3機能 画面24 。再生全般に関わる機能ということでまとめたが、全く異なる効果を発揮するので1つ1つ解説しよう。

● SLIP（スリップ）

英語で「滑る」という意味のスリップは、楽曲を止めたり逆回転させたりしても「スルスルっと滑って本来の再生位置を維持し続ける」という風にイメージしてもらうとよいだろう。この効果はループだろうがホットキューだろうが、あらゆる操作に対して有効だ。

画面24

この効果も「実際にやってみる方が理解が早い」パターンの1つだが、具体的な例をあげると、スリップをオンにしてから1拍のループを有効にし、16拍の間待ってからループを解除した場合、1拍ループはちゃんと実行されるが、解除した際には、楽曲はループの終わりからではなく、ループを設定した位置から16拍だけ進んだ位置から再生を復帰する 画面25 。

画面25

画面写真の、左のハイライト部分の中にある縦棒が「ループ再生中の再生位置」、そしてその3拍右にある縦棒が「本来の再生位置」だ。スリップ中に再生を妨げる動作をすると、このような形で「本来の再生位置」が表示され続け、再生を妨げる動作を完了すると、再生位置はこの「本来の再生位置」に瞬間移動する。

別の言い方をすれば、スリップが有効な限り、どれだけ再

生を妨げる動作をしようが、動作を完了した際には、再生位置が「何もしなかった」場合と同じ位置に戻るのだ。

● **Q（クオンタイズ）**

　クオンタイズは、ホットキューやループの操作をする際に、ビートのタイミングに合わせて操作をしたつもりが、リズム感が悪く前後にずれても補正してくれる機能だ。この際、アプリケーションが「正しいタイミング」をどのように判断し補正するかは、設定によって異なってくる。以下に、クオンタイズの仕組みや設定方法について、具体的な例を用いて詳しく説明する。

　例えば「パ」という音で始まる1拍に合わせてホットキューを設定していたとしよう。これに対し、MASTERでは「ピコピコピコピコ」で4拍となる音が延々流れていたとする。このとき、1拍のクオンタイズ（拍数の設定方法は後述）がオンになっている場合、DJは：

　パコピコピコピコ
　ピコパコピコピコ
　ピコピコパコピコ
　ピコピコピコパコ

　上記のいずれのタイミングでも「パ」をプレイバックすることは可能だ（逆にいうと、他のタイミングでプレイ操作をしても、一番近い「パ」のタイミングに補正される）が、「ピパピコピコピコ」であったり「ピコピパピコピコ」であったりというタイミングでプレイすることはできない。なぜなら、MASTERに対して半拍ズレの状態になってしまうためだ。これを実現したい場合は、クオンタイズの設定で拍数を半拍にすればよい。

　つまり、1拍のクオンタイズをオンにしておけばどんな操作をしてもビートのズレを起こさない状態を保てるが、「パ」という音を出せるタイミングも、それだけ限られてしまう。一方、クオンタイズを1/2拍に設定すれば、ビートとビートのちょうど真ん中のタイミングでも「パ」の音を出せるようになるが、操作の結果、MASTERに対していわゆる「裏打ち」の状態になってしまう可能性が出てくるので、その分、注意が必要に

なるのだ。

　クオンタイズの詳細設定は、環境設定→コントローラーの「その他」のタブから行う 画面26 。DJスタイルによって、ホットキューは1拍で問題ないが、ループは1/2拍じゃないと使いにくいなど、個人差があるので、柔軟に設定できるよう項目が分かれている。また、「Q」ボタンを押してクオンタイズを有効にした場合も一部の機能はクオンタイズさせたくない場合は、タイプの欄の左のプルダウン・メニューで「無効」を設定すればよい。

画面26

クオンタイズ				
モード	[?]	☑ 次の拍を待たずにジャンプする		
タイプ	SNAP		無効	1
	QUANTIZE	HOT CUE	有効	1/2
		LOOP SAMPLER(LOOP)	有効	1
		REVERSE	有効	1
		SEQUENCER	有効	1/4
設定方法		◉ デッキ/サンプラーデッキ個別　○ 一括		

　同じ環境設定の画面で、関連した項目として「スナップ」のオン・オフと拍数も設定可能だ。スナップはクオンタイズに似ているが、呼び出すタイミングではなく、設定可能なタイミングに影響する。例えば、スナップを1/2拍で有効にすると、ホットキューやループ（IN点OUT点それぞれ）は、1/2拍刻み、つまり、ビートの位置と、ビートとビートのちょうど中間の位置にしか設定できなくなる。ヴォーカルなどは必ずしもビートに揃って始まる訳ではないので、ヴォーカル・サンプルの頭にぴったり合わせて設定したい場合などに、オフにするメリットがあるかもしれない。

● MT（マスターテンポ）

　ピッチ・コントローラーが本質的には「テンポ」を司るのに「ピッチ」の名を持つのと類似して、こちらは「ピッチ」に関する機能なのに「テンポ」を名前に含む。マスターテンポをオンにすると、楽曲の再生速度を変更しても、音程（ピッチ）は本来の音程に固定される。KEY SYNCやKEY SHIFTを使った場合も、「楽曲本来の音程」ではなく「調整した音程」ではあるが、マスターテンポ同様、その後再生速度を変更しても音程は変わらない。

　本来、テンポと音程は手に手を取って共に上下するものなので、マスターテンポの使用はキーシフトと同様、適用する度合いに応じて音質劣化を伴うことは念頭に置いてほしい。

画面27

⑨ パフォーマンス／グリッド切り替えタブ

　こちらのタブをクリックすることで、プレイ中に表示するパフォーマンスパネルと、グリッドやフレーズの修正を行うグリッドパネルとを切り替え可能だ 画面27 。

　グリッドの修正についてはEXPORTモードと同様の操作なので、前の章を参照してほしい。

　フレーズの修正は、至ってシンプルだ。フレーズの始まりや終わりがズレている箇所があれば、フレーズを選択すると両端の棒が白くなるので、適宜クリック＆ドラッグして、位置を調整する。全体波形ではざっくりとした調整しかできないので、拍単位の細かい修正は、拡大波形にて同じく白く（太く）なっている縦棒をクリック＆ドラッグして行う 画面28 。

画面 28

　フレーズの変わり目が無視されて1本のフレーズになってしまっている場合は、「CUT」を使用して、任意の位置でフレーズを分割することが可能だ。また、フレーズにはrekordbox djが用意したいくつかのタイプをラベルとして設定することが可能だが、解析が設定してきたラベルが相応しくないと思った場合は、画面27で「CHORUS」と表示されている箇所をクリックすれば、他の選択肢を含んだドロップダウン・メニューが表示される 画面29 。

　もし、解析結果を修正するよりも1本のフレーズから手作業で分割・ラベリングをした方が早く設定できると思う場合は、「CLEAR」を押して、全てのフレーズを消去することも可能だ。

画面 29

PART 3 3-3 ミキサー

各デッキの音量などを調整するセクション

　各デッキにて再生された音源の各々の音量や帯域ごとの音の出方を調整し、ミックスした上で外部機器へと受けわたすのがミキサーだ 画面01 。

　ミキサーには、各デッキに対応して1セットずつ搭載される機能があり、この1セットのことをチャンネルと呼ぶ。例えば、デッキ1の音声はミキサーのチャンネル1を経由して外部へと出力されるのだ。また、他にも全体に関わる機能がいくつかある。以下に、それぞれ説明していこう。

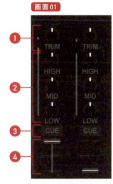

各チャンネルごとの機能

❶ TRIM

　トリムは、後述するチャンネル・ボリュームと同じように、各チャンネルの音量を加減する機能だ。ただし、こちらは補助的に使用する。主な使い道としては、音源はそれぞれ音量が若干異なるものだが、DJ時には、曲から曲へ繋いでいく時に意図せず音量が上下してしまうのは望ましくない。そこで、あらかじめトリムを使って音源同士の音量の差を補完しておけば、後述するチャンネル・ボリュームで同じくらいのフェーダーの位置にすれば音量もだいたい揃うようになるのだ。ミックスする際に、基本的にチャンネル・ボリュームを最大同士でつなぐスタイルのDJにとっては必須の機能と言ってもよいだろう。

099

ただし、rekordbox djで解析すると、楽曲の音量が一番大きい箇所を基準に曲同士の音量の差を自動的に補完する「オートゲイン」機能を活用できるので、必ずしもトリムを細かく調節する必要があるわけではない。オートゲインのオン・オフは、環境設定→コントローラーのミキサー・タブから設定可能だ。

❷ EQ HIGH/MID/LOW

EQ＝イコライザーは、音声を高音域、中音域、低音域に分け、それぞれの領域ごとに音量を微調整する機能だ。強すぎる音域を抑えたり、足りない音域を強調したりという使い道と、ミックスをする際にぶつかり合う音の一方をカットするなど、ミックス・テクニックの一種としての使い道などがある。

ハードウェアのイコライザーはミキサーごとに大なり小なり異なる特性を持つが、rekordbox djでも「DJM-900NXS」と「DJM-900NXS2」の2モデルから選択可能だ 画面02 。また、最小値ではそれぞれの音域を完全な無音にできるアイソレーターのように機能させることも可能だ。

画面02

EQ	EQ/ISOLATOR
	○ EQ　● ISOLATOR
	EQタイプ
	○ DJM-900NXS　● DJM-900NXS2

❸ CUE

デッキにも「CUE」というボタンが搭載されていたが、こちらは全く異なる機能だ。ミキサーのCUEをオンにすると、メインに出力している音声とは別の出力（ヘッドフォン等）を通して音声を試聴することが可能だ。実際にプレイする前に次の曲を確認したり、頭出しをするのに活用する。「CUE」というのはそもそも頭出しの意味であり、デッキの機能と名前が共通であるのは、いずれも頭出しの際に使用する機能だからだと考えれば分かりやすいだろう。

CUE音声はヘッドフォンなどを通してメインの出力とミックスして試聴することが可能なのだが、画面01のヘッドフォン・マークの右にある「MIXING」のつまみを使い、そのバラ

ンス(メインの出力／CUEの出力)を調節できるほか、隣の「LEVEL」のつまみを使い、ヘッドフォンの音量を調節することも可能だ。

❹ チャンネル・ボリューム

各チャンネルの音量を決定するフェーダーだ。フェーダーの動きと出力される音量の関係性は直線的に限定されておらず、環境設定→コントローラーのミキサー・タブにて、最初はあまり音量が上がらないが、最大値付近で音量がググっと上がる設定(カーブと呼ぶ)や、最初にググッと音量が上がった後、最大値付近で微調整が可能になっている設定などがある 画面03 。

画面03

チャンネルフェーダーカーブ	○ 奥側で急峻に立ち上がるカーブ ● リニアに立ち上がるカーブ ○ 手前側で急峻に立ち上がるカーブ

なお、各チャンネルには音声に反応して動くレベルメーターが搭載されているが、これは「プリフェーダー・レベルメーター(PFL)」であって、チャンネル・フェーダーの状態によらない、楽曲本来の音量に、トリムとイコライザーによる加減を反映したレベルを表示する。これにより、実際に楽曲をプレイする前に、現在プレイ中の楽曲との音量の差を視認し、トリムなどの調整が必要かを判断することが可能だ。

全体に関わる機能

❺ クロスフェーダー

1つだけ搭載された横向きのフェーダーと、それを挟む2セットの1〜4までのボタンはクロスフェーダー機能だ。フェーダーのキャップ(手で掴む部分)を左右に動かすと、接近しつつある側のボタンでオンになっているチャンネルの音量を増加させながら、離れつつある側のボタンでオンになっているチャンネルの音量を減少させる。このため、同じチャン

3-3 | ミキサー

ネルでオンにできるのは左右一方のみだ。なお、いずれの側でもオフのチャンネルは音が出ないのではなく、クロスフェーダーの状態に関係なく直接メインに出力される点に留意しよう。例えば、左のボタンは1のみオン、右のボタンは2のみオンの時、クロスフェーダーを左端から右端に移動すると、チャンネル1の音量が減少しながらチャンネル2の音量が増加し、チャンネル3及び4の音量はチャンネル・フェーダーの状態だけで決まるのだ。

❻ ミックス・レコーダー

　rekordbox djでは、ミックスの結果を手軽にレコーディングすることが可能だ。インターナル・ミキシング・モードでは録音するソースは自動的に「Master Out」、つまりミキサーを経た最終の出力に設定される。エクスターナル・ミキシング・モードの場合はオーディオ・インターフェイスのインプットから入力される信号を選択可能だ。

　録音ソース選択の右にあるのは、録音レベルを調節するつまみだ。メーターが振り切れない範囲で大きな値にするのが望ましいが、オートゲインを活用しているのであれば、初期値通り、12時の設定（つまみの白線が真上を向いている状態）でよいはずだ。

　録音レベルのさらに右にあるのが録音開始ボタンで、一度押すと録音が開始し、再度押すと停止する。最大録音時間は3時間で、録音中は録音時間と残り時間が合わせて表示される。録音停止時にはアーティスト名やトラック名などを入力して保存できる画面が表示されるが、特に何も入力しないで保存することも可能だ 画面04 。

画面04

❺ KUVO

KUVOは「世界中のDJ、クラブ、クラバーやクラブミュージックファンがつながることで新しい発見ができるクラブカルチャーのための新しいプラットフォーム」だ。アカウントを作成すると、KUVOを使ってプレイリストを配信するなどの機能を楽しめる。詳しくはKUVOのウェブサイトを確認してほしい。(https://kuvo.com)

外部ミキサーを使いたい場合

なお、rekordbox djは各デッキの音声をオーディオ・インターフェイス経由で個別に出力し、実際のミキシングは外部のミキサーで行う「エクスターナル」ミキシング・モードにも対応している。2デッキであれば最小でステレオ2系統、4デッキであればステレオ4系統の出力が必要になるが、オーディオ・インターフェイスが対応しているのであれば、このようなrekordbox djの使い道もアリだ。

エクスターナル・ミキシング・モードを使用するには、環境設定→オーディオの「ミキサーモード」の欄で設定する。エクスターナル・ミキシング・モード時は、ソフトウェアのミキサー機能は見た目からして操作できないようになる 画面05 。操作不能になるのは、最もベーシックなハードウェア・ミキサーに

画面05

も搭載されている機能ばかりなので、この仕様が不便に感じるシチュエーションは限られているだろう。あえて例を挙げるなら、イコライザーを活用し、一部の音程にだけECHOなどのエフェクトを適用した上でミックスをしたいという場合には、イコライザーだけでも使えたら…と思うかもしれない。

　エクスターナル・ミキシング・モードを使うメリットとして真っ先に挙げられるのは、クラブのミキサーを使用できる点だ。これはクラブのミキサーが高機能だからという意味ではなく、DJブースは必ずDJミキサーを中心にレイアウトされており、モニタースピーカーとの位置関係や、観客サイドからの見た目的にも、中央にドンと据えられたDJミキサーの前に立つのは、なんだかんだしっくりくる。一方、ミキサー機能を搭載した大型のコントローラーでDJをする場合は、よほど広々したブースで、かつ店舗の対応も良いという場合を除けば、CDJのさらに外側であったり、ターンテーブルのフタの上であったりと、やや「隅に追いやられ感」を味わうことになる可能性が高い。

　また、rekordboxでDJするにあたってフィジカルな操作性が最も嬉しい機能はミキサー関連に集約され、パッドや再生周りのコントロールはキーボードでもそれなりに快適に操作できるため、フィジカルが嬉しいミキサーだけはクラブのハードウェアを使用することにより、ラップトップ+オーティオ・インターフェイスといった最低限のセットアップでもrekordbox djを活用することが可能だ。

PART 3
3-4 FXユニット

エフェクトを司るセクション

rekordbox djには2つのFXユニットと、各チャンネルにCFX(SOUND COLOR FX)ユニットが搭載されている 画面01 。

❶ FXユニット

各FXユニットは、適用するデッキ、サンプラー、あるいはマスターを選択可能。また、3種類のエフェクトを簡易的に調節して使用するマルチモード(画面01 のFX1)と、1種類のエフェクトを詳細に設定して使用するシングルモード(画面01 のFX2)を切り替え可能だ。

適用するデッキ等の選択はユニットの左端にある6つのボタンを使用する 画面02 。1〜4はそれぞれのデッキ、Sはサンプラーで、この5つは複数選択可能だ。一方、マスターに適用するMボタンを押すと、M以外で選択中のボタンは全て選択が解除される。

マルチモードとシングルモードの切り替えは、画面02の右側の「・・・」と「・」のボタンを使用する。多数のエフェクトを瞬時に呼び出せるように準備しておき、重要なパラメーターだけ調節できれば充分という場合は、マルチモードが気に入るだろう。一方、エフェクトの数は少数精鋭で良いので、お気に入りのエフェクトの全てのパラメーターを微調整して効果の機微を楽しみたい場合は、シングルモードを使おう。

マルチモードの場合は、原則、適用する度合い(原音とエフェクトのバランス)をツマミで調節し、もう1つ、概ねBPM

3-4 | FXユニット

に関係のあるパラメーターを2つのボタン（増減）で調節する。一方、別途ライセンスを購入すれば活用できるRMXエフェクトのように、ツマミの操作だけで完結するエフェクトもある。

シングルモードの場合は、一番左のツマミで適用する度合いを調節し、加えて4つのパラメーターを2つのツマミと2つのボタンで調節する。各ツマミ、ボタンの働きは、調節するパラメーターによって変わるので、FXユニット自体を参照してほしい。

いずれのモードでも、エフェクト名をクリックすることでエフェクトのオン・オフを切り替える。また、エフェクトを変更する場合は、エフェクト名の横の上下の矢印をクリックすると、使用可能なエフェクトの一覧が表示される 画面03 。

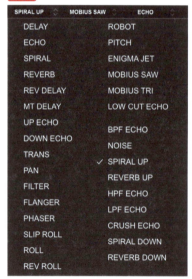

画面03

各ユニットの一番右には、BPMを設定するセクションがある。基本的には楽曲のBPMに連動させたいはずなので「AUTO」を使用すればよいが、何らかの理由で手動設定をしたい場合には、エフェクトを連動させたいリズムに合わせて「TAP」ボタンを複数回クリックすることによって、自由なテンポに設定することが可能だ。

❷ CFX（SOUND COLOR FX）

さらに、各チャンネルには1系統ずつのCFXが搭載される。CFXは、1つのツマミを12時の位置から左右に捻ることによって2種類のエフェクトを得ることが可能で、他にも多くの操作を同時進行する必要があるミックス中に手軽に威力を発揮するエフェクトだ 画面04 。

画面04

画面04 の左端の「・・・」と「・」のボタンは、それぞれのチャンネルで個別のエフェクトを使用するマルチモードと、すべてのチャンネルで同じエフェクトを使用するシングルモードを切り替える。マルチモードで複数のチャンネルに同じエフェクトを設定することも可能なので、ここではマルチモードが「大は小を兼ねる」形にはなるのだが、DJプレイ中に細かくエフェクトを変更するのは意外に手間がかかるので、複数チャンネルで別々のCFXを同時に使うシーンがあまりなければ、シングルモードの方が使い勝手はよいかもしれない。

続いての「DEFAULT」「USER」のボタンはPioneer DJのコントローラーを使用する際に関わってくる設定で、「DEFAULT」の場合は、コントローラーに搭載されたCFXから使用するエフェクトを選択することになる。コントローラーを接続していない場合や、CFXボタンのないコントローラーを使用している場合、エフェクトの内容はフィルターとなる。「USER」の場合は、rekordbox djに搭載されたすべてのCFX用エフェクトから選択可能だ。

エフェクトの起動及び変更は、FXユニットと同様、エフェクト名をクリックすることでオン・オフを切り替え、エフェクト名の横の上下矢印をクリックすることで、使用可能なエフェクトの一覧が表示される 画面05 。

画面05

3-4 | FXユニット

　いずれのモードの場合も各チャンネルにエフェクトが適用される度合いは、各チャンネルの番号が付されたツマミを使用する。また、いずれのモードの場合でも1つだけ表示される「PARAM」というツマミは、エフェクトごとに異なる、一番特徴的なパラメーターを調節するのに使用する。

❸ リリースFX

　画面01の、各FXユニットのBPMセクションの左隣に設置されているのがリリースFXだ。たくさんのエフェクトを同時に設定すると、それらを解除するのも一苦労である。また、エフェクトを強く適用した後、単にそのエフェクトを解除するだけだと、一度持ち上げたエネルギー・レベルを単に下げるだけになってしまい、せっかくの盛り上がりに水を差してしまうこともある。これらの問題を一石二鳥で解決してくれるのがリリースFXだ。

　リリースFXは、音源をレコードのように高速で逆回転させる「BACK SPIN」など、あらゆるエフェクトの効果を一気に上書きしてしまうタイプのエフェクトを短く適用した後、すべてのエフェクトを解除して原音のみに戻すリセット・ツールだ。エフェクト名をクリックするとリリースFXが出音を乗っ取り、クリックを離すとそれまでのエフェクトがすべて解除された、原音のみの状態に戻る。

　他のエフェクト同様、エフェクト名の横の上下矢印をクリックすると、使用可能なエフェクトの一覧が表示される 画面06 。

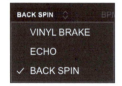

画面06

　なお、画像の例ではFXユニットごとにリリースFXを搭載したモードとなっているが、環境設定→コントローラーのエフェクト・タブからリリースFXを1ユニットにすることも可能だ 画面07 。

画面07

RELEASE FX	ユニット数 ○1　◉2
	□ CFXにもRELEASE FXを掛ける

　リリースFXがそれぞれのFXユニットに搭載されている場合、それぞれのリリースFXは、対応するFXユニットが有効になっているデッキやサンプラーに対してのみ有効である。例えば、FXユニット1がデッキ1とサンプラーでのみ有効な場合、同ユニットのリリースFXを起動した時にはデッキ1とサンプラーの出音のみ乗っ取られ、デッキ2〜4でオンエア中のものがあれば、それらは通常通り再生される。また、同リリースFXを解除した際にはFXユニット1のエフェクトのみ解除され、FXユニット2で有効なエフェクトがあれば、それらは引き続き有効な状態が継続されるのだ。

　また、画面07 の同じ画面にて、CFXにもリリースFXを適用するかどうかを設定可能だ。

　各エフェクトのかかり具合や、最後に説明したリリースFXの挙動などは、実際に触ってみて理解を深めてほしい。

PART 3
3-5 サンプラーデッキ

プレイに意外性をもたらすセクション

　定番の曲なのに、何かがちょっとだけ違う…あるいは、全く聴いたことのない曲に、おなじみのシンセリフが登場する…こういった意外性と予定調和のブレンドは、DJプレイにおいて強力なウェポンとなる。
　このようなプレイを今までにないレベルで実現可能にしてくれるのが、rekordbox djのサンプラーデッキだ 画面01 。

画面01

　サンプラーデッキには16の「スロット」と呼ばれる簡易的なデッキがある。これらのスロットに音源を追加するのは、通常のデッキ同様、ブラウザやフォルダーからドラッグ＆ドロップすればよい。また、拡大波形の右端にある「＜」をクリックして引き出せるメニューからハサミのアイコンをクリックして有効（青）にすれば、任意のデッキで有効になっているループやスライサーの範囲をサンプラーのスロットにドラッグ＆ドロップ（キャプチャーと呼ぶ）することが可能だ 画面02 。通常、波形をクリックすると音が止まってしまうので、リハーサル段階で挙動を充分に確認してから活用してほしい。

画面02

スロットの機能◆

　16のスロットはそれぞれ4つのバンクを持ち、画面01の左下のBANKボタンを使用して、他のバンクを呼び出すことが可能だ。バンクが違ってもスロットは共有なので、例えばバンク1で左上のスロット1を再生中の時に、バンク2でスロット1を操作すると、最後に操作したものが優先されてバンク1スロット1の再生が止まってしまうので注意が必要だ。

　各スロットは常時再生モードと再生の有無、そしてファイル名を表示している。さらに、スロットの上にポインタをかざすと、他の機能が表示される 画面03 。

画面03

　各スロットの機能は、画面03において左から、再生、ミュート、EJECT（取り出し）、EDIT（編集）の4つだ。

　再生は、選択中の再生モード（後述）に従い、再生を実行するボタンだ。

　ミュートは日本語で「消音」を意味し、再生中のスロットが音を発しないようにしてくれる。シーケンスの再生中に、特定の楽器（サンプル）だけ抜き差ししたい場合等に活用できるだろう。

　EJECTを押すと、現在スロットにロードされている音源が取り出され、スロットは空きスロットになる。

　EDITを押すと、スロットにロードされたサンプルの編集画面が表示される 画面04 。

画面04

　編集可能なエリアは、画面04の「EDIT」より右側に表示された部分だ。

　左上から、「→」とループマークは、再生モードの「ワンショッ

111

ト」と「ループ」を切り替える。ワンショットは頭からお尻まで一度だけ再生して停止する。一方、ループの場合は、頭からお尻までを何度も繰り返し再生する。

続いての「|→」は、GATEモードのオン・オフである。GATEモードがオンの場合、いずれの再生モードにおいても、サンプルの再生は再生ボタンを押している間だけ継続する。例えば1秒のワンショット・サンプルの場合は、1秒以上押せば最後までプレイしてくれるが、0.5秒で手を離してしまうと音が鳴るのも0.5秒までだ。ループの場合も同様で、再生ボタンを押している限りはループが継続するが、再生ボタンを離したところで再生は停止する。

続いての「MT」はマスターテンポで、デッキ同様、マスターテンポがオンになっている場合はSYNCの都合で加速・減速をしたとしても、音程は変わらない。

上段の一番右は「SYNC」ボタンで、こちらは再生モードがループの場合にオン・オフの選択が可能だ。rekordbox djはサンプルのBPMも解析するので、これを使用して、ループをサンプラーデッキのBPMに同期させることが可能だ。

中段左のツマミは、サンプルのゲインだ。スロットの音量は調節できないが、サンプル単位で音が大きすぎたり、小さすぎたりしてバランスが悪い場合には、ここで調節することが可能だ。

中段右の数値は、サンプルのBPMだ。ワンショットの場合はSYNCは適用されないので、この数値はあってもなくても構わない。ループモードの場合、解析結果のBPMがこちらに表示されるので必要があればここで修正する。といっても、再生中のデッキからループをキャプチャーした場合はまず問題ないだろう。また、ボイス・サンプルなどをループとして使用したい場合には、ここに手動でBPMを入れる必要がある。非常に細かい作業になるが、スロットの波形に表示されている微細なビートグリッドを頼りに、サンプル全体が狙った拍数になるよう、BPMを調節するのだ。

下段左の左右の矢印は、ワンショット・サンプルの再生開始点を調整するのに使用する。ダウンロードしたサンプルの冒頭に余白がある場合や、キャプチャーした1拍のループから半拍目のハイハットだけを抜き出したい時に助かるだろう。

下段右の「/2」と「x2」は、それぞれBPMを半分と倍にす

るボタンだ。

サンプラーデッキ全体の機能

　サンプラーデッキの中央には、サンプラーデッキ全体に関する機能が集められている 画面05 。「GAIN」とラベルの付されたツマミとCUEボタン、そして縦フェーダーはミキサーにおける各チャンネルのトリム、ヘッドフォンCUE、そしてチャンネル・ボリュームに相当するものだ。

画面05

　上記のコントロール群の下に表示されているのは、サンプラーデッキのBPMだ。サンプラーデッキにSYNCするよう設定されているスロットのループサンプルは、このBPMで再生される。また、後述するシーケンサーで作成するシーケンスのBPMもこちらになる。

　BPMは「＋」「－」のボタンを使用して調整できる他、数値をクリックして直接入力することも可能だ。なお、サンプラーデッキも通常のデッキと同じようにSYNCを利用でき、SYNCのMASTERになることも可能だ 画面06 。また、Qボタンを使ってクオンタイズのオン・オフも切り替えることができる。

　画面06 の右端の四角が4つ並んだアイコンをクリックすると、サンプラーデッキとOSCサンプラーをトグルすることが可能だ 画面07 。OSCサンプラーはサンプラーデッキよりも簡易的なサンプラーといったところで、サンプルのロードやデッキからのキャプチャーなどのワークフローは共通しているが、

画面06

画面07

スロット毎にループを設定したり、SYNC機能を活用することはできない。一方で、OSCサンプラー全体の音程を調節するツマミがついているので、DJネームやサイレンなど音程のあるワンショット・サンプルに使い勝手がよいだろう。

シーケンサー機能

シーケンサー機能が搭載されたことによって、rekordbox djは単なるDJ手段を超えて、簡易的な作曲ソフトの領域に突入した。サンプラーデッキのシーケンサー機能について、実際にシーケンスを作成する時の手順に沿って解説する 画面08 。

画面08

画面08 の一番左にある録音ボタンを押すと、録音は待機状態になり、いずれかのサンプルスロットをプレイすることによって実際の録音が開始する。録音する長さは 画面08 の中央近くにある「1Bar」と表示された部分で確認・設定が可能だ。1Barをクリックすると、録音するシーケンスの長さを選択するメニューが表示される 画面09 。選択肢は、1小節、2小節、または4小節だ。

上のメニューで選択した小節数の終わりに到達すると、シーケンスは、録音可能な状態を維持したままループ再生に突入する。これにより、まずはキックドラムのパターンを打ち込んだ後、続けてキックドラムのリズムに合わせてハイハットのパターンを打ち込むといったワークフローが可能だ。また、同じスロットのサンプルを追加で打ち込むことも可能だが、残念ながら、1音だけ消去するといった細かい編集はできない。例えばキックドラムの打ち込みでミスをしてしまった場合、追加であればそのままタイミングよく追加で打ち込めばよいが、消去したい音がある場合は、画面08 の一番右の

画面09

「ERASE」ボタンをクリックした上で、該当するスロットに表示される「×」をクリックすると、当該スロット分の打ち込みだけ消去されるので、改めて打ち込みをしなおせばよい。

　録音を終了するには、再度録音ボタンを押す。この状態では、シーケンスを再生しつつ、手動で他のサンプルをプレイすることが可能だ。また、改めてシーケンスに追加録音をしたい場合は、再び録音ボタンを押せばよい。最終的に満足がいくシーケンスが完成したら、「SAVE」ボタンを押してシーケンスを保存する。シーケンスが保存されていないと、続いて説明するシーケンスの切り替え動作の後に呼び出すことができなくなってしまうので注意しよう。なお、保存されたシーケンスはオーディオファイルとしてコレクションにも保存されるので、通常のデッキに読み込んでループやスクラッチなどのパフォーマンスに活用することも可能だ。

　新たなシーケンスを録音したり、録音済みの他のシーケンスを呼び出すには「SAVE」の右に表示された「PATTERN X（X=1〜8）」の左右にある矢印を使用する。保存されたシーケンス（PATTERN 1〜8）は各デッキのシーケンス・コール機能を使ってワンタッチで呼び出し・プレイバックすることが可能だ。

　コンピューターのフォルダー等からサンプラーデッキに読み込んだサンプルや、デッキからキャプチャーしたサンプル、そして保存したシーケンスは全て自動的にコレクションに追加されるので、サンプラーデッキやシーケンサー機能を使えば使うほど、将来活用できるパーツのライブラリーが充実していくのは嬉しい仕様だ 画面10 。

画面10

PART 3
3-6

PERFORMANCEモードでの音声の流れ

rekordbox djの「配線」

DJ機材に限らず音響機器を配線したことがあれば、rekordbox dj内の音声の流れが気になるところかもしれない。本当は模式図を使ってシンプルに説明したいところだが、残念ながらそうもいかないようだ。表面的には、ハードウェアと同様の働きを持ったいくつかのユニットを繋ぎ合わせて出音を完成させているように見えるが、rekordbox djでは、バーチャルでしか実現できない、実際には考えられないような複雑な配線となっている。従って、図で理解しようとするよりも、以下のルールの組み合わせで出音が決まると考えた方が分かりやすい。

(1)FXは全てポストフェーダーである

ポストフェーダーという用語が初見の方のためにかいつまんで説明すると、エフェクトは、各チャンネルのボリュームをミキサーで調節する前に適用されるもの（プリフェーダー）と、調節した後に適用されるもの（ポストフェーダー）の2種類がある。プリフェーダーの場合、様々なエフェクトが適用された後にボリュームを調節するので、ボリュームを下げてしまえばそのチャンネルは無音になる。一方、ポストフェーダーの場合は、ボリュームを調節した後の音声にエフェクトをかけるので、ECHOやREVERBなどの「尾を引く」エフェクトをかけた場合、ボリュームを下げても、エフェクト音は、あらかじめ決められたペースで減衰しながら鳴り続ける。

rekordbox djには、デッキ、サンプラー、またはマスターを選択して適用可能なFXユニットが2ユニットと、各デッキに備え付けられたPAD FX及びCFX（SOUND COLOR FX）があるが、これらは全てポストフェーダーだ。rekordbox djのFXには音声を極限まで加工し、盛大に尾を引くエフェクト

がいくつもあるが、これらはチャンネル・ボリュームをゼロにしても消えないので、エフェクト自体を解除するなど、他の操作が必要になることに留意しよう。

（2）各デッキに適用されるエフェクトについて、エフェクトのかかる順番は、エフェクトの種類だけで決まる

　プリフェーダー／ポストフェーダーの関係のように、同じエフェクトの組み合わせでも、加える順番によって最終的な効果は変わる。例えば、出力音量を一定のテンポで0、100、0、100…と振動させるTRANSというエフェクトと、大きなホールにいるかのような残響を作り出すREVERBというエフェクトを組み合わせる場合、TRANS→REVERBという順序でエフェクトを加えると、TRANSが100を出力している時に発生した残響はTRANSが0を出力している際にも残るので、無音になる瞬間はなく、100と100の間の隙間を「残響だけ」の時間帯が埋めていく形になる。一方、REVERB→TRANSの順番で加えると、REVERBが生成した残響込みの音声を、TRANSが丸ごと0、100、0、100…と振動させるので、100と100の間は無音の時間帯がある形になる。

　例えばマルチモードFX（1つのFXユニットで3種類のエフェクトを適用できるモード）は左のエフェクトから順に適用されるといったルールがあれば上記のような効果の違いを狙うことが可能なのだが、rekordbox djでは、マルチモードの3つのエフェクトはおろか、FX1とFX2の間にも、そしてこれらとPAD FXやCFXの間にも決まった順番はない。より正確に言うと、順番はエフェクトの種類だけで決まるのだ。例えば、ECHOやREVERBはFILTERやTRANSよりも後に適用される。

　この順番は、それぞれの組み合わせにおいてより面白い効果が得られる順番ではあるのだが、時と場合によっては散々REVERBをかけた音声を丸ごとFILTERに通したいことだってあるかもしれない。そういう場合には、マスターに適用するエフェクトだけ、それぞれのデッキに適用するエフェクトよりも後にかかるので、REVERBをデッキ1に適用した上で、FILTERをマスターに適用すればよい。

3-6 | PERFORMANCEモードでの音声の流れ

(3) リリースFX

リリースFXの挙動は、1ユニットの場合と2ユニットの場合（リリースFXのユニット数は環境設定のコントローラー→エフェクトのタブで変更可能）で異なる。

【1ユニットの場合】サンプラーを含めオンエア中（再生中かつボリュームがゼロでない状態）のデッキが1つでもあれば、リリースFXをオンにすると音声は100％リリースFXの音になり、FX1、FX2共に全てのエフェクトが解除される。もともとFX1及びFX2がいずれかのデッキまたはマスターにアサインされているかどうかにかかわらず、オンエア中のデッキさえあればリリースFXは使用可能。

【2ユニットの場合】リリースFXと同じ側のFXユニットがアサインされているデッキまたはマスターがオンエア中の場合、リリースFXをオンにするとアサインされているデッキの音声は100％リリースFXの音になり、同じ側のFXユニットのエフェクトが全て解除される。例えば、FX1がデッキ1にアサインされていて、デッキ1が再生中かつボリュームがゼロでなければ、FX1側のリリースFXは使用可能だが、有効にしても、FX2のエフェクトは解除されないし、デッキ2が再生中かつFX1がデッキ2にアサインされていなければ、デッキ2の再生音はFX1側のリリースFXに影響されることなく出力され続ける。この仕様はちょっと文字では完全に把握できないかもしれないので、ぜひ、いろいろな組み合わせでトライしてみて、仕組みを体感してほしい。

PART
4

環境設定、MIDI、そして外部機器との連携

概ね初期値で活用できてしまうrekordbox djだが、ちょっとしたチューニングでユーザビリティが大きく向上する可能性もある。一度限りのオリエンテーションと我慢して環境設定をマスターし、未来永劫ワンランク上の使用体験をゲットしよう。

PART 4

4-1 環境設定

環境設定の目的

　これまで述べてきた「ソフトウェア自体の使い方」は最も重要な知識だが、最終的に快適なプレイを楽しむためには、実際に操作することになるハードウェアとの連携も大きなポイントとなる。その連携の鍵を握る1つの要素が環境設定だ。
　rekordbox djの環境設定は、ポピュラーであったり、開発者がオススメする値が初期値として設定されており、当然、何かを変更しないとソフトウェアを快適に使用できないということもないだろう。しかし、ユーザー体験をガラリと変えるような設定項目も多数あるので、与えられた初期値を黙って使い続けるのはいささか勿体無い。
　とはいえ、環境設定の項目の1つ1つを、その役割や設定ごとのメリット・デメリットに触れつつ紹介していくのは本書の1つのPARTに収めるには少々荷が重く、また、Pioneer DJは、素晴らしいマニュアルを常に更新しながらオンラインで提供しているので、全ての設定の詳細はマニュアルに任せつつ、ここでは、個人的にDJとしてのユーザビリティを大きく変えると考える設定項目をいくつか紹介していこう。

筆者が考える重要度「高」の設定項目

　rekordbox djの環境設定は、画面右上の歯車のようなアイコンをクリックして表示させることが可能だ 画面01 。

画面01

環境設定のパネルの上部には、大まかなカテゴリーが表示されている。その最も左の「表示」項目には、文字の大きさなど、画面表示に関する設定項目がまとめられている 画面02 。

画面02

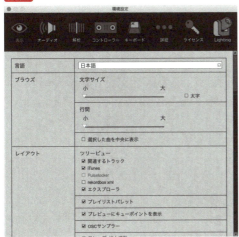

●PADモード

そして、最初に注目してほしい設定項目のいくつかも、早速このページに登場する。まずは、レイアウトの欄の一番最後にある「PADモード」だ 画面03 。ここでは、各デッキに搭載

画面03

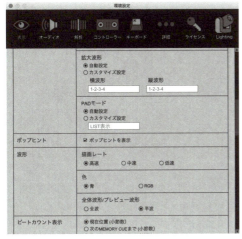

4-1 | 環境設定

されたパフォーマンス・パッドの表示形式をリスト状にするか、パッドが8つ搭載されたコントローラーのパッド部分のような形状・配列にするかを選択する。初期値は、パッドが搭載されたPioneer DJ製のコントローラーに接続するとPAD表示になるが、他のMIDIコントローラーを接続している場合や、何も接続していない場合などはLIST表示になる「自動設定」だ。

しかし、このLIST表示は、各パッドモード間で統一性もないし、パフォーマンスパッドにMIDIコントローラーのパッドをアサインしていく際にも整合性が取りにくい。あくまでもポインターによるクリック操作で活用する場合を除けば、ここの設定は「カスタマイズ設定」にして、下のプルダウンからPAD表示を選択した方がよさそうだ。

● **ポップヒント**

続いては、同じページの「ポップヒント」という欄にある、同名の表示機能をオン・オフする設定項目だ 画面04 。こちらは初期値でオンになっているが、万が一オフになっている場合は、オンに設定した方がよい。rekordbox djのおよそ全ての機能について、該当する機能の上にポインターをかざせば、その機能について簡潔に説明してくれる 画面05 。身も蓋もない話だが、ポップヒントを1つずつ理解していけば、このような解説本などなくともすぐにrekordbox djの機能を把握す

画面04

画面05

ることができるだろう。

● 波形色

　同じく 画面04 に「波形」という欄があるが、こちらの「色」という設定項目が、初期値では「青」になっている。「青」モード使用時は、低音域が青、高音域が白で表示され、中音域は、段階的に明るくなる水色のグラデーションで表示される。一方、「RGB」モード使用時は、高音・中音・低音域の成分が赤（R）、緑（G）、青（B）の3色で表示され、異なる音域が混在する場合は、オレンジや黄緑などの合成色も表示される。この特性の違いは、サンプラーデッキに搭載されるサンプルの波形にも適用される。筆者のコレクションでは、概ね、赤ければ地味な曲、黄色や緑が強ければ派手な曲と別れるためRGBモードを採用している。所有している曲をそれぞれのモードで表示してみて、より有益な情報が得られると感じるモードを選択するとよいだろう（P016にてカラーで紹介している）。

　もちろん、楽曲の展開を覚えていれば視覚的な情報は不要なのだが、とっさの時に役立つことも多いので、積極的に「青」を選択する理由がなければ、騙されたと思って「RGB」モードを活用してみてほしい。

　色繋がりでついでに書いてしまうと、さらに少し下がった箇所に「色」という欄があり、HOT CUEの色を設定する項目があるが、これは、HOT CUEを設定した時に自動的に割り振られる色のルールを設定する。初期値は全てのHOT CUEを緑色に設定する「CDJ」モードだが、個人的には、プルダウンに含まれる他の3つのいずれかのモードで、自動的に色分けしてくれる方がありがたい。いずれのモードを設定している場合もHOT CUE自体を右クリックして色を個別に編集することは可能なので、「CDJ」モードは、積極的に色付けするもの以外は同一色がよいという場合に適した設定なのかもしれない。

● 楽曲解析

　続いては、解析のページ最上部の「楽曲解析」の欄をチェックしてほしい 画面06 。rekordbox djの解析は2000年からDJソフトウェアを活用している筆者にとっては「SYNCもこ

4-1 | 環境設定

画面06

こまで来たか…」と感動を覚えるほど高精度になってきているが、やはりそれなりに時間もかかる。そこで、少しでも時間の節約になるような設定を紹介しよう。

　まず、「楽曲解析モード」は、全体に均一なBPMでよいなら「ノーマル」、そして必要に応じてBPMを変更してでも正確なグリッドを設定してほしいなら「ダイナミック」を使用する。ほとんどの楽曲をBeatportなどのオンラインストアからデジタルで購入しているなら「ノーマル」で事足りるはずだ。「ダイナミック」を選択すると、実際には均一なBPMの楽曲でも微妙に変動するグリッドが設定される確率が上がり、それだけグリッド精度のチェックに時間を取られてしまうだろう。一方、アナログレコードを録音したいわゆるRIP音源が多い場合は「ダイナミック」を使用した方がよいだろう。

　続いて、「BPM範囲」だが、筆者のように、プレイする楽曲の大半が同じジャンルの楽曲の場合、初期値よりも絞り込んだ、自分のジャンルのBPMを網羅できる範囲に設定するとよいだろう。解析結果の範囲を絞り込むことによって、倍や半分のBPMに解析されてしまうことを回避可能だ。

　そして、フレーズを利用しない場合は「Phrase」解析をオ

フにすると解析時間を短縮できる。筆者の場合は、これがもっとも大きな高速化に繋がった。

● **「コントローラー」ページ**

こちらのページにはコントローラーの有無に関わらずソフトウェアの挙動を変更する設定項目が多数あるので、コントローラーに限った話ではないのだが、専用コントローラーを活用するユーザーにとっては画面上の機能はコントローラーの機能を反映しているに過ぎないので、違和感はないのかもしれない。

ソフトウェアの挙動に関する設定であれば、「デッキ」や「ミキサー」など、該当するセクションに関する設定項目は、このページの該当タブで見つかるはずだ 画面07 。

画面07

4-1 | 環境設定

●「キーボード」ページ

　rekordbox djの地味ながら超強力なもう1つの機能が、こちら、環境設定の「キーボード」の設定ページだ 画面08 。ここでは、およそ思いつく限りのrekordbox機能をコンピューターのキーボードに割り当てることが可能だ。

画面08

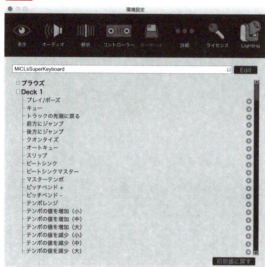

　活用法は至って直感的で、左側にツリー形式で整理されたrekordbox djの各機能からキーボードに割り当てたいものを探し、その機能の対岸、右端にある「＋」マークをクリックすると、続いて割り当てたいキーを押すように指示される 画面09 。

画面09

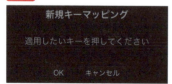

　押したキーは同じポップアップの中で確認できるので、満足ならば「OK」を押して設定完了だ 画面10 。押したキーが既

画面10

に他のキーに割り当てられている場合は、先に割り当てた方を無効にしてこちらに割り当て直すかを確認してくれるので、深く考えずにサクサク作業することが可能だ。なお、キーボードは単押しのみではなく、ctrl+1であったり、ctrl+shift+1であったり、コンビネーションを登録することも可能なので、例えば「1」をHOT CUEの設定及び再生に割り当て、「shift+1」をHOT CUEの削除に割り当てるなど、DJコントローラーの操作性に似たマッピングが可能だ。

キーボードのマッピングにはMIDIのマッピングに実装されていない項目もあり、これがまた美味しい。例えば、筆者はビートジャンプは「1拍」や「8小節」など、特定の単位のジャンプばかりを多用するので、パフォーマンス・パッドのビートジャンプ・モードはいささかジャンプ幅の選択肢が多すぎて、かえって使いにくい。ところがキーボードの場合は具体的に拍数を決めてのジャンプを個別なキーに割り当てることができ、筆者の求める操作性にグッと近づくのだ 画面11 。

画面11

また、通常はフェーダーやツマミなど可変幅のある操作子でコントロールしたい音量やEQなどの機能も、キーボードを使ってある程度の操作性を引き出せるようになっている点も秀逸だ 画面12 。ちなみにMIDIマッピングの場合、ボタンやパッドで音量を操作する方法は用意されていない。

画面12

127

使用中のコントローラー＋マッピングの組み合わせでは手軽に、あるいは全く操作できない機能をキーボードに割り当てるという使い道もよいだろう。

しかし、個人的にオススメしたいのは、緊急時のバックアップとしてコンピューターだけでプレイ可能なように準備しておくという使い道だ。DJを続けていると、必ず不測の事態は起きる。音源のバックアップや、PCトラブルが発生したときにCDJでもプレイできるように準備をするというアドバイスはよく見かけるが、DJ当日にパソコンが起動せずただの鉄クズに…という事例は、まだ一度も目撃していない。一方、コントローラーに関しては、USBケーブルを忘れた、本体を忘れた(！)などの「忘れ物ミス」や、マッピングを消してしまった、実は使い方をよく理解していないなどの「切ないDJ系ミス」、そして、30分しかプレイタイムがないのにDJブース内の大シャッフルをしないとコントローラーを置く場所が無い…という「使えない訳ではないものの…」というシチュエーションまで、数々のトラブルを目撃してきた。

そんな時にさっとMacBookを開き、オーディオ・インターフェイスさえあれば…あるいは最悪コンピューターとミキサーをアナログ音声ケーブルで接続するだけで予定通りDJプレイを完遂できるようになっておけば、周りに迷惑をかけて「だからコンピューターDJは…」などと揶揄されることもない。最近のDJミキサーはオーディオ・インターフェイス搭載のものも多いし、オールナイト・イベントであれば、店舗か、他のDJに相談すれば、オーディオ・インターフェイスを借りられる可能性はそれなりに高いだろう。もちろん、店舗にPioneer DJの最新機材が導入されていれば他にもバックアップの選択肢が多数あるというのがrekordboxの魅力でもあるのだが、何か1つ不測の事態に備えておくのであれば、筆者としては、コントローラーが使用できないシチュエーションに備えておくことをオススメしたい。

また、ミキシングまでコンピューターのみで実行できるようになっておけば、電車や飛行機で移動中、大きな機材を取り出さなくてもミックスを作成することが可能になる。他にも、ビートグリッド周りの機能などを割り当てておけば、トラックパッドやマウスだけを使った作業よりもスピーディに下準備

の作業を進めることができるだろう。

●**ライセンス**

　各種のPlus Packを「ライセンス」ページから試用したり、ダウンロード購入することが可能だ 画面13 。仮に購入するつもりがなくても、せっかく試用期間をもらえるので、大事なDJ出演の少し前に試用期間を開始して、操作性を熟知してから一度本番で使ってみるのもよいだろう。

画面13

PART 4
4-2 MIDI設定

rekordbox djのMIDIマッピング

　PAD FXなどの機能に惹かれてrekordbox djの世界へ
引越しをしてきた現役DJソフトユーザーの方ならば、環境
設定の歯車の隣に鎮座する「MIDI」マークが気になるところ
だろう。そう、rekordbox djは、MIDIマッピングにも対応し
ている。rekordbox djのMIDIマッピング機能は、極めて直
感的でシンプルだ。そのトレードオフとして、いくつかの制限
があるので、自作マッピングで汎用コントローラーを活用し
たい読者の方は特に、本章の内容をしっかりとマスターして
ほしい。

　rekordbox djのMIDIマッピングはシンプルさを優先し、
原則的に特定の内部機能と特定のMIDI信号を結びつける
ように設計されている。例えば、特定の機能をボタンで操作
するかフェーダーで操作するかという選択肢はなく、ボタンも
しくはフェーダーでの操作があらかじめ決まっている。具体
例をあげると、FXユニットのビート・パラメーター（1/16拍、
1/8拍、1/4拍……などの設定）は「増」と「減」の2つのボタ
ンで操作すると決まっており、ツマミで調整するように設定す
ることはできない。

　同じMIDI信号を入力した時に別のSHIFTボタンが押され
ているかどうかによって動作する機能が変わるように設定す
ることはできないので、1つのパッドやボタンに複数の機能を
もたせたい場合は、Pioneer DJのコントローラーのように、
SHIFTボタンを押すことによって同じボタンが異なるMIDI
信号を送信するタイプのコントローラーを用意しよう。

　また、これは一部のコントローラーにしか該当しない問題
だが、rekordbox djはNote OnとNote Offを別なMIDI信
号として解釈するので、例えばAKAI Professionalのハー
ドウェアのように押した時はNote Onを送信し、離した時は

Note Offを送信するタイプのコントローラーをマッピングする場合は、同じ機能にNote On分とNote Off分を同時にマッピングする必要がある。

　したがって、rekordbox djで快適に活用できるコントローラーを自作マッピングしたい場合、理想的には、「画面上の操作したいボタンやフェーダー」の数だけ「ボタンやフェーダー」を搭載したコントローラーがほしい。また、同じパッドやボタンを複数の機能で使い回したい場合は、コントローラー自体に同じパッドやボタンが複数のMIDI信号を送信するための「レイヤー」や「プリセット・バンク」といった機能が搭載されていることが必要だ。さらに、マッピング作業を簡単にするには、パッドやボタンでもCCを送受信できるか、Note Offの代わりにNote OnのVelocity=0を送信してくれるコントローラーがベストだ。

　操作したい機能を網羅するコントローラーさえ見つかれば、LEARN機能を使い、機能とMIDI信号を1対1で結びつけていくだけのマッピング作業は単純明快である。また、rekordbox djの専用コントローラーを使って、一部使わない機能のマッピングを削除し、他の機能に割り当てるといった改変も朝飯前だ。続いてのセクションでは、rekorbox djの直感的なマッピング作業を、具体例を用いて紹介する。

MIDIマッピングの流れ

　PERFORMANCEモードの画面、右上の「MIDI」マークをクリックすると、MIDI編集用の画面が表示される 画面01 。

　まず、rekordbox djのマッピング作業は、マッピングの対象となる機材を実際に接続した状態で実行する。 画面01 ではDDJ-RRが接続され、選択・表示中だが、もし他の機材も接続されている場合は、機材名の箇所をクリックすると、接続中の機材が一覧表示され、マッピングを編集する機材を変更可能だ。

PART 4 4-2 | MIDI設定

画面01

Function	Deck	MIDI IN	Type	MIDI OUT	Comment
ActiveLoop	1	9050	Button	9050	Loop Active/Non active
ActiveLoop	2	9150	Button	9150	Loop Active/Non active
ActiveLoop	3	9250	Button	9250	Loop Active/Non active
ActiveLoop	4	9350	Button	9350	Loop Active/Non active
AutoLoop	1	9014	Button	9014	Auto Loop On/Off
AutoLoop	2	9114	Button	9114	Auto Loop On/Off
AutoLoop	3	9214	Button	9214	Auto Loop On/Off
AutoLoop	4	9314	Button	9314	Auto Loop On/Off
Cue	1	900C	Button	900C	Cue Set/Play Cue Back
Cue	2	910C	Button	910C	Cue Set/Play Cue Back
Cue	3	920C	Button	920C	Cue Set/Play Cue Back
Cue	4	930C	Button	930C	Cue Set/Play Cue Back
GridAdjust	1	9079	Button	9079	Beat Grid Adjust
GridAdjust	2	9179	Button	9179	Beat Grid Adjust
GridAdjust	3	9279	Button	9279	Beat Grid Adjust
GridAdjust	4	9379	Button	9379	Beat Grid Adjust
GridAdjust Double	1	9065	Button	9065	Beat Adjust 2x
GridAdjust Double	2	9165	Button	9165	Beat Adjust 2x
GridAdjust Double	3	9265	Button	9265	Beat Adjust 2x

LEARN　　ADD　　DUPLICATE　　DELETE　　IMPORT　　EXPORT

　例えばチャンネル1のトリムを割愛してよいので、代わりにサンプラーデッキの音量調節機能をつけたかったとする。rekordbox djのMIDI設定は、該当する機能を大まかなカテゴリーごとのページに分けて作成・整理するので、まずは「SAMPLER」のページに移動する。ここで、新規マッピングの追加には、設定画面下の「ADD」ボタンを押す。すると、設定できるサンプラー関係の機能が全てツリー形式のプルダウンメニューで表示されるので、設定したい機能を見つけて、決定する 画面02 。見た限りでは「SamplerVolume」が正しそうだ。

画面02

続いて、設定画面下の「LEARN」ボタンを押し、コントローラー上のマッピングしたいツマミを実際に操作することで、MIDI信号を送信し、rekordbox djに「学習（LEARN）」させる。白紙のマッピングから始めたのであれば、手順はここまで。しかし、今回は既にマッピング済みのDDJ-RRを改変する作業なので、1つの壁にぶつかる 画面03 。

そう、今しがた動かしたツマミは既にチャンネル1のGAIN（トリムのこと）に割り当てられているので、設定できないというのだ。このままでは狙い通りのマッピングが完成しないので、まずは、問題となっている既存のマッピングを消去する。GAINはミキサーの機能なので、MIXERのページに移動し、チャンネル1のGAINを探す 画面04 。

ハイライトされた「Deck 1」のGainが正解だろう。こちらを選択し、設定画面下のDELETEを押すと、警告画面が表示された上で、不要なマッピングを削除することが可能だ 画面05 。初めてマッピングを削除するのは、なんだか取り返しのつかないことをしているような気持ちになるかもしれないが、「もともと使わなかったトリムが使えなくなる」だけなので、臆することなく一気に削除してしまおう。

画面04

EQ Mid	2	B10B	Knob/Slider(0h-3FFFh)	EQ Mid
EQ Mid	3	B20B	Knob/Slider(0h-3FFFh)	EQ Mid
EQ Mid	4	B30B	Knob/Slider(0h-3FFFh)	EQ Mid
Gain	1	B004	Knob/Slider(0h-3FFFh)	Gain
Gain	2	B104	Knob/Slider(0h-3FFFh)	Gain
Gain	3	B204	Knob/Slider(0h-3FFFh)	Gain
Gain	4	B304	Knob/Slider(0h-3FFFh)	Gain

4-2 | MIDI設定

　これで邪魔者は消えたので、再びSAMPLERのページに戻り、先ほど頓挫した「LEARN」の作業を継続すれば、無事にマッピングは完了だ 画面06 。

SequencerStart		3	924B	Button	924B	Sequencer rec start On
SequencerStart		4	934B	Button	934B	Sequencer rec start On
SamplerVolume			B004	Knob/Slider(0h-7Fh)		

　なお、変更したマッピングは常に「現行のマッピング」として記憶され、rekordbox djを終了・再起動した際も有効だ。また、マッピングを重ねていくうちに挙動がおかしくなってしまったら、いつでも設定画面左上の「DEFAULT」ボタンを押すことで、ソフトウェアと同時にインストールされた初期状態のマッピングに戻せるので、恐れることは何もなく、実験的なマッピングにもどんどん挑戦するとよいだろう。ただし、一気に初期状態に戻ってしまっては、途中までの成果が台無しになってしまうので、完成形になる前に、適宜マッピングを保存しておく方がよいだろう。

　これには、設定画面右下の「EXPORT」ボタンを使う。警告画面等を経て保存場所や名称を決定するOSの画面が表示されるが、上で述べたように、コントローラーを接続した際に有効となる「現行のマッピング」は常にソフトウェア内に保存されるので、こちらは自分自身で管理しやすい場所であれば、どこに保存してもよい。そして、なんらかの事情でこの段階のマッピングに戻りたいことがあれば、その際には設定画面右下の「IMPORT」を使う。これらの操作を行う際には、常に最新の編集を反映した現在のマッピングを保存（EXPORT）しなくてよいのかと確認してくれるので、失敗することもないだろう 画面07 。

以上のことを踏まえて1つ1つ作業を繰り返して行けば、手持ちのコントローラーのマッピングを改変することや、比較的コンパクトなコントローラーであれば白紙からマッピングすることも、短時間で狙い通りに実現できるだろう。

　rekordbox djは目にも留まらぬ速さで進化し続けているソフトウェアなので、本書で紹介したような制限がいつまで存在するかも定かではないが、複雑なカスタマイズこそ難しいものの、汎用コントローラーでも大部分の機能を活用でき、専用コントローラーにもマッピング改変の自由があるなど、柔軟な仕様は実に嬉しいところだ。

rekordboxを
さらに使いこなすために

COLUMN

rekordbox dvs

DVS（Digital Vinyl System）を実現する拡張機能。Control Vinylと呼ばれる専用のレコードを使用することで、従来のアナログ・レコードと全く同じ操作性をDJプレイに持ち込むことが可能となる。

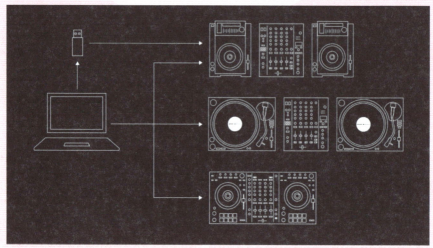

DVSに対応させることで、rekordbox内のライブラリーをUSBにエクスポートして活用するほか、CDJ、レコード・プレイヤー、DJコントローラーと様々なスタイルでコントロール可能となる。

　rekordbox djは、Plus Packと呼ばれるライセンスを購入することで様々な機能性を追加することが可能だ。このrekordbox dvsのライセンスキーを追加すると、Control Vinylと呼ばれる専用のレコード（別売り）を使用することで、従来のアナログ・レコードと全く同じ操作性をrekordbox djでのDJプレイに持ち込むことが可能だ。

　Control Vinylには、一般的にタイムコードと呼ばれるコントロール信号が記録されており、レコード・プレイヤーで再生したコントロール信号をrekordbox djに入力することによって、レコード上の再生位置とrekordbox dj内の再生位置を連動させ、レコード・プレイヤー側における針の移動やスクラッチ操作をrekordbox dj側の再生状態に反映させる仕組みだ。別売りのControl Vinylを購入する以外に、Pioneer DJのウェブサイトからControl Vinylに収録されたコントロール信号と同等の音声をダウンロードし、CDやUSB

138

◀別売りの専用レコードであるControl Vinylは薄型で、軽快・高レスポンスなスクラッチ・プレイも可能にしてくれる。

▶レコードに刻まれたコントロール信号を正しく読み取るための調整を行うキャリブレーション設定画面。

に記録、CDJやXDJなどを使って再生し、rekordbox djを操作することも可能だ。

　rekordbox dvsには2つのモードが用意されている。Absolute（絶対）モードでは、Control Vinyl上の再生位置とrekordbox dj内での再生位置を絶対的に連動させることにより、従来のレコード・プレイヤーと全く同じ操作感を得ることが可能だ。例えば、再生中に針の位置を変えると楽曲もその位置にジャンプし、まるでControl Vinyl自体にその楽曲が録音されているかのようにDJプレイを楽しめる。

　一方、Relative（相対）モードでは、Control Vinly上の再生速度や再生方向の変更などが相対的にrekordbox djに伝えられるため、テンポ変更やスクラッチ操作などはレコード・プレイヤーの操作感を得つつ、デジタルならでは機能であるSYNCやホットキューなども同時に使用できる。

COLUMN

rekordbox video

rekordbox上で動画や静止画ファイルを使ったビデオパフォーマンスを実現し、DJパフォーマンスの幅を広げてくれる機能拡張。DJコントローラーなどでフィジカルに操作できるのも魅力。

rekordbox videoを有効にした画面。中央付近に映像のプレビューなどが表示されている。

　rekordbox videoのライセンスキーを追加すると、従来の楽曲ファイルに加え、映像ファイルや画像ファイルをrekordbox djで取り扱うことが可能になる。独自開発の動画処理アルゴリズムにより、高画質動画でも軽快かつ安定した操作が可能だ。

　動画再生や各種の映像エフェクトに加え、画像ファイルをあらかじめプレイリストとして準備しておき、自動で切り替えてスライドショーを再生することや、マスターデッキに出力されている映像にタイプしたテキストを重ねるテキスト機能、PC/Macに接続されたカメラからの映像をマスターデッキに重ねて出力するなど、イベントを観客とのインタラクティヴな空間に演出する豊富な映像送出機能が搭載されている。

　映像の切り替え時にクロスフェーダー操作に連動して効果を加えるTRANSITION FXや、XY軸をなぞるだけで複数のパラメータをコントロールできるTOUCH FXなど、多彩な映像表現を引き出す充実したエフェクト機能を搭載。また、映像の出力経路が複雑になっ

タッチディスプレイを活用した直感的なDJパフォーマンスを可能にするDDJ-RZX（写真）他、多数のコントローラーやDJ機器にプラグアンドプレイで対応している。

た際に生じる映像出力の遅延を、映像のタイミングを補正することによって音声と同期する同期補正を搭載。さらに、各種ビデオパフォーマンス機能はMIDI LEARNに対応しているので、MIDIコントローラーに機能を割り当てることで、フィジカルな操作子による確実なビデオパフォーマンスが可能だ。

　rekordbox videoは、Pioneer DJ製のマルチプレイヤーやDJコントローラーにプラグアンドプレイで対応しているので、対応機器との併用で、特別な設定を行うことなく高度なDJプレイが実現可能だ。対応機器の詳細については、Pioneer DJのウェブサイトを確認してほしい。

　rekordbox videoのライセンスキーは、購入、またはサブスクリプションで入手できる。環境設定のライセンスのページから、30日間の試用期間をアクティベートすることも可能だ。

おわりに

　筆者は2000年からソフトウェアを使ったDJに転向している。これは控えめに言っても相当パイオニア的な活動であり、少々誇らしく思っている。

　その時に使用していたDJソフトウェアの機能は、現代の用語でいうとビートシンクとビートジャンプだけだったが、それでも筆者のDJスタイルに革命をもたらすのには充分だった。

　rekorbox djの多機能さに触れ圧倒されるようなことがあれば、思い出してほしい。そこにあるからといって全ての機能を駆使しなければいけないわけではないのだ。むしろ、冒頭にも書いたように、せっかくの多機能ソフトをターンテーブル2台とほぼ変わらない使い方をしているDJが山のようにいる。

　DJソフトウェア側としては、DJが個性を発揮できるよう、様々なツールを用意してくれているが、実際に個性を発揮するためには、1つ2つ会得して活用できれば充分だろう。例えば、エフェクトの組み合わせやパラメー

ターを駆使し、誰が聴いてもあなただと分かるようなサウンドをDJセットの随所に盛り込むだけでも、充分に個性を発揮できるはずだ。

　本書を執筆した2018年は、生活の隅々にAIが進出してくる新時代の曙だと筆者は勝手に予想している。DJも例外ではなく、今後数年の間に、AIによるオートミックスは、世界中のDJプレイから好意的なレスポンスが多かった組み合わせなどのデータを抽出し、視聴者が喜ぶ可能性の高い楽曲を、喜ぶ可能性の高い順序でプレイするようになるだろう。そのような技術に関して、いずれ人類がAIに負けるのは必然だ。

　しかし、どんなに優れたAIでも、あなたに勝てないことが1つある。それは、あなた自身を発揮することだ。ある日、ある場所での、オーディエンスの期待とDJの表現欲求のせめぎ合いの結果生まれる、一度限りの空気感。オンラインであらゆる楽曲にアクセスできる現代、ダンスミュージック・ファンがクラブに集う意義は、そこにこそあると言えよう。
　本書を通して何か1つでも個性を発揮できる手段を獲得していただくことができ、表現欲求を実現する一助となれれば、幸いである。

著者　DJ MiCL

1977年生まれ。映像プロデューサー。1995年よりDJを開始し、2000年からDJソフトウェアを導入したパイオニア的存在。DJ関連の出版物としてはDVD『DJファーストミックス』(東北新社／企画・制作)、書籍『TRAKTORパーフェクト・ガイド』など。2013〜2015年「クラブとクラブカルチャーを守る会」の事務局長を務めるなど、クラブカルチャーの発展にも力を注ぐ。

rekordbox パーフェクト・ガイド

著者　DJ MiCL

2018年5月25日　第1版1刷　発行
2023年1月6日　第1版6刷　発行

定価2,200円(本体2,000円＋税10%)
ISBN978-4-8456-3226-8

【発行所】
株式会社リットーミュージック
〒101-0051　東京都千代田区神田神保町一丁目105 番地
https://www.rittor-music.co.jp/

発行人　松本大輔
編集人　野口広之

【本書の内容に関するお問い合わせ先】
info@rittor-music.co.jp
本書の内容に関するご質問は、E メールのみでお受けしております。お送りいただくメールの件名に「rekordboxパーフェクト・ガイド」と記載してお送りください。ご質問の内容によりましては、しばらく時間をいただくことがございます。なお、電話やFAX、郵便でのご質問、本書記載内容の範囲を超えるご質問につきましてはお答えできませんので、あらかじめご了承ください。また、Pioneer DJ株式会社への直接問い合わせはご遠慮ください。

【乱丁・落丁などのお問い合わせ】
service@rittor-music.co.jp

編集担当　辻井 恵

デザイン　赤松由香里(MdN Design)
DTP　　　高橋玉枝
編集　　　北口大介(EDIT INC.)

印刷所　　中央精版印刷株式会社

©2018 DJ MiCL
©2018 Rittor Music Inc.
Printed in Japan

落丁・乱丁本はお取り替えいたします。
本記事の無断転載・複製は固くお断わりいたします。